中小企业
智能制造
发展战略研究

杨华勇　毛光烈　等　编著

RESEARCH ON
INTELLIGENT
MANUFACTURING
DEVELOPMENT STRATEGY OF
SMALL AND MEDIUM-SIZED ENTERPRISES

ZHEJIANG UNIVERSITY PRESS
浙江大学出版社
·杭州·

图书在版编目（CIP）数据

中小企业智能制造发展战略研究 / 杨华勇等编著.

杭州 ： 浙江大学出版社，2025. 7. -- ISBN 978-7-308
-26544-7

Ⅰ．F279.243

中国国家版本馆CIP数据核字第2025G2Y125号

中小企业智能制造发展战略研究

杨华勇　毛光烈　等编著

策　　划	黄娟琴	
责任编辑	蔡晓欢　金佩雯	
责任校对	潘晶晶	
封面设计	浙信文化	
出版发行	浙江大学出版社	
	（杭州市天目山路148号　邮政编码310007）	
	（网址：http://www.zjupress.com）	
排　　版	杭州林智广告有限公司	
印　　刷	杭州高腾印务有限公司	
开　　本	710mm×1000mm　1/16	
印　　张	10.5	
字　　数	145千	
版 印 次	2025年7月第1版　2025年7月第1次印刷	
书　　号	ISBN 978-7-308-26544-7	
定　　价	68.00元	

编 委 会

序　言

  企业是经济建设的重要微观基础。量大面广的中小企业是中国经济韧性、制造业韧性的重要支撑，是提升产业链供应链稳定性和竞争力的关键环节，也是推进产业基础高级化、产业链现代化、增强制造业竞争优势的有力保障。党中央、国务院高度重视中小企业发展，多次做出重要指示、批示，强调"中小企业能办大事"。如何促进中小企业平稳健康发展，切实为中小企业纾困解难，已成为当前稳增长的重中之重。制造业发展依靠科技创新，科技创新驱动制造业发展。制造业高质量发展和科技创新的交汇点在哪里？智能制造就是最重要的一个交汇点。因此，如何推动中小企业加快数字化转型是提升中小企业核心竞争力的必答题。

  依托中国工程院战略咨询项目，中国工程院杨华勇院士与浙江省智能制造专家委员会毛光烈主任联袂所著的《中小企业智能制造发展战略研究》与《中小企业数字化转型系统解决方案》，分别从理论上阐释了中小企业从数字化转型入手实现智能制造"为什么""怎么干"的问题，从实践中凝练出具体推动中小企业数字化转型的学样仿样创新模式。这两本书分别从方法论与实践论的角度解决了中小企业转型升级与大规模推进智能制造两方面的问题，对我国实现制造业高端化、智能化、绿色化有着十分重要的理论意义和现实意义。

  由杨华勇院士领衔的团队所编著的《中小企业智能制造发展战略研究》，深入分析了中小企业在推进智能制造中遇到的难点和问题；归纳总结了中小企业智能制造的理论体系，提出了以双视角开展中小企业智能制造的研究框架；结合具体案例分析，针对中小企业智能制造路径模糊的问题，从企业自身、龙头企业、平台企业和产业园区四个方向总结提出了四类转型模式。

由毛光烈主任领衔的团队所编著的《中小企业数字化转型系统解决方案》，从浙江中小企业数字化转型的实践中系统总结提出基于细分行业的数字化转型之道——系统解决中小工业企业数字化转型难题的"五种创新模式"；从细分工业行业的选择、试点企业的选定、数字化工程总包模式、工业互联网平台建设、标准合同及大规模复制推广等方面，为我国中小企业数字化转型提出了一套比较系统完整的实践操作方法论。

奋楫争先，勇进者胜。这两本书的理论研究与实践成果，是包括浙江大学、浙江省智能制造专家委员会、中国工程院战略咨询中心等单位在内的项目组各位院士、专家集体智慧的结晶。期望这两本书的出版能够为政府部门的科学决策和学界的深入研究提供参考，为全国中小企业的数字化转型提供可做样仿样的好样本，推动中小企业的智能制造和高质量发展，为加快推进新型工业化、建设制造强国发挥积极作用。

中小企业推行智能制造难不仅是中国需要破解的一道难题，也是一道世界性的难题，浙江的实践为破解这一难题作出了重要贡献，可喜可贺，值得我们为之鼓掌喝彩。

屈贤明

国家智能制造专家委员会名誉主任

中国工程院战略咨询中心制造业研究室主任

2024 年 6 月 8 日

前　言

　　制造业是立国之本、强国之基。习近平总书记指出："制造业是国家经济命脉所系""要坚定不移把制造业和实体经济做强做优做大""加快建设制造强国"。[1] 在世界舞台上，中国制造业正努力寻找着属于自己的位置，然而，与发达国家相比，我国的制造业仍处于价值链的中低端。当今世界，百年未有之大变局加速演进，国际合作与竞争的局势瞬息万变，多数国家将发展智能制造作为构建未来制造业竞争优势的关键举措，我国制造业正面临巨大的竞争压力和挑战。在此背景下，党的二十大报告为我们指明了方向：坚持把发展经济的着力点放在实体经济上，推进新型工业化，加快建设制造强国、网络强国、数字中国，应加快发展数字经济，促进数字经济和实体经济深度融合，打造具有国际竞争力的数字产业集群。制造业利用数字化网络化智能化技术开展智能制造转型已成为关乎产业生存和长远发展的重要战略。

　　企业是经济建设的重要微观基础，量大面广的中小企业是中国经济韧性、制造业韧性的重要支撑，是提升产业链、供应链的稳定性和竞争力的关键环节，也是推进产业基础高级化、产业链现代化以及增强制造业竞争优势的有力保障，在推动国民经济发展和维护社会稳定方面充当着重要的角色。国家高度重视中小企业发展，多次做出重要指示批示，强调"中小企业能办大事"。国务院及各相关部委陆续出台了多种类型的支持政策，提出"中小企业数字化促进工程"，夯实中小企业数字化服务基础，全面推

1　制造强国　步履铿锵 [N]. 人民日报，2022-08-15(1).

动中小企业智能制造转型。当前我国中小企业智能制造发展过程中依然存在路径困难问题，研究中小企业智能制造转型推进模式对其具有重要指导作用。

本书的章节安排如下。

第 1 章首先介绍了中小企业智能制造转型的概况与背景，通过政策分析，说明中小企业转型的必要性，同时概括地提出了中小企业智能制造转型过程中遇到的难点问题。

第 2 章详细描述了中小企业智能制造发展目标（包括产品、生产、服务和信息管理的智能化），并提炼问题，说明转型难点的实质，分析比较现有的智能制造路径，说明其不适合中小企业的原因和中小企业智能制造发展中的具体痛点。

第 3 章提供了一种中小企业智能制造转型的框架体系，提出了中小企业智能制造转型的前提，并分别从动态视角、利益相关者视角和行业平台应用的角度对中小企业的转型推进战略进行分析。

第 4 章与第 5 章分别从产业链的角度和行业的角度，贯穿横纵地介绍和分析了中小企业智能制造转型的具体路径。第 4 章从点、线、面、体四个角度总结和介绍了中小企业智能制造转型的具体模式，并对每个模式的多个案例进行了分析和介绍。第 5 章对转型的关键即数智工厂的建设和工业互联网平台的打造进行了介绍和说明，并提出了"浙江方案"这一按行业细分的转型方式。

第 6 章对中小企业进行智能制造转型提出了三点思考和四项具体发展建议。

我们希望通过这些研究和探讨，为推动中小企业的智能制造发展提供更为明确和实用的指导，帮助它们在这个数字化的时代中立足、成长和繁荣，进而成为制造强国战略的坚实基础。

目　录

第3章　中小企业智能制造转型框架体系

第4章 中小企业智能制造转型典型模式

第5章 中小企业智能制造发展路径与方法

第1章

中小企业智能制造转型
概况与背景

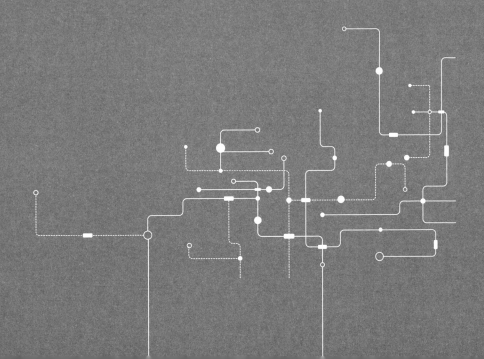

1.1 背 景

改革开放 40 多年来，中小企业在服务党和国家中心工作中发挥了重要作用，是我国经济发展的"源头活水"。制造业中小企业作为经济肌体的"毛细血管"，是促进经济发展的重要力量、吸纳就业的主要渠道、创新创业的重要战场。因此，继续巩固和完善制造业中小企业"铺天盖地"的发展格局，优化制造业中小企业营商环境，是提升国民经济整体效率和协调发展能力、增强国民经济的国际竞争力的重要方向。

2010 年，我国制造业增加值位居世界第一；2020 年，我国制造业增加值接近 4 万亿美元，在全球制造业中的占比达 28.5%[1]。然而，与发达国家的高端制造业相比，中国的制造业仍处于价值链的中低端。世界百年未有之大变局进入加速演变期，国际合作及竞争的局势瞬息万变，我国制造业企业面临着巨大的竞争压力。

以云计算、大数据、人工智能等为主的数字化、网络化、智能化技术突飞猛进，不仅拉动形成一系列新业态，增强经济增长新动能，而且带来经济形态乃至人类社会形态的革命性变化。党的二十大报告指出，要"加快发展数字经济，促进数字经济和实体经济深度融合""推动战略性新兴产业融合集群发展，构建新一代信息技术、人工智能、生物

---

1 国家统计局.工业实力持续增强 转型升级成效明显——党的十八大以来经济社会发展成就系列报告之三[EB/OL]. (2022-09-15)[2023-12-01]. https://www.gov.cn/xinwen/2022-09/15/content_5709963.htm.

技术、新能源、新材料、高端装备、绿色环保等一批新的增长引擎"。习近平总书记在《不断做强做优做大我国数字经济》(《求是》杂志 2022 年第 2期)一文中指出,"发展数字经济意义重大,是把握新一轮科技革命和产业变革新机遇的战略选择"。

在此背景下,对于各行各业来说,利用数字化网络化智能化技术开展智能制造转型已不再是"选修课",而是关乎生存和长远发展的"必修课"。面对这一趋势,发达国家和地区纷纷开始加快制定智能制造转型战略(示例如表 1-1 所示)。

表1-1　发达国家和地区智能制造转型战略示例

国家	举措
美国	制造业处于产业链上游,拥有众多实力雄厚的巨头企业。通过"政府+企业"双管齐下的模式,重点关注先进制造业,通过调整政府采购、构建创新网络、增加研发支持、规范引导等多种方式,持续扶持本国制造业及其智能化转型
德国	通过"工业4.0"推动区域内基础设施、技术标准、公共服务平台等领域的共建共享,运用多元政策工具(如创新金融手段),加大对智能制造的支持
日本	以"互联工业"战略为核心,专注自动驾驶、机器人等五大优势领域。通过提升数据管理、加强产业指引、推动应用实践、强化资源保障等途径,加速制造业的数字化、智能化进程,挖掘数据价值
新加坡	推出"数字化蓝图"系列,在推动本国产业转型的同时,吸引全球的优势资源,向周边国家和地区辐射创新发展能力

除发达国家和地区外,发展中国家和地区也意识到了智能制造转型带来的重要机遇。随着中美贸易争端等一系列外部因素促使全球制造业的产业链、供应链发生深刻调整,众多发展中国家和地区希望通过加快智能制造转型,强化自身在未来全球产业布局中的重要性和竞争力。

我国政府因势利导,加速推进制造业向智能制造转型。国家"十四五"规划和2035年远景目标纲要明确提出,要加快数字化发展,建设数字中国。在中央各部委发布的与制造业智能制造转型相关的"十四五"规划中,53%的规划将智能制造转型列为重大任务或重点工程,从数字基础设施、关键技术攻关、数字产业布局等方面为企业智能制造转型提供保障；地方层面，在 31 个省（自治区、直辖市）的"十四五"规划中，85% 的省（自治区、直辖市）主管部门将产业智能制造转型列为重点任务，11 个省（自治区、直辖市）设置专栏部署专项实施规划[1]。

受外部环境变化、企业自身战略方针选择、资金储备等多方面因素影响，部分中小企业仍面临生存困境。如何推动制造业中小企业发展？动力何在？党的二十届三中全会指出，"加快新一代信息技术全方位全链条普及应用，发展工业互联网，打造具有国际竞争力的数字产业集群""加快推进新型工业化，培育壮大先进制造业集群，推动制造业高端化、智能化、绿色化发展"。制造业发展依靠科技创新，科技创新驱动制造业发展。制造业高质量发展和科技创新的交汇点在哪里？智能制造是最重要的一个交汇点。开展智能制造将是中小企业转型升级，提高生存能力、竞争能力，谋求长远发展的必然选择。

中小企业是我国深入推进智能制造、建设制造强国和数字中国的主战场。制造业中小企业应主动践行"创新、协调、绿色、开放、共享"的发展理念，将不断涌现出的新理念、新技术、新产品、新模式、新业态应用于企业发展的实践中，推动企业的"数智化"转型。

1.1.1　中小企业智能制造转型是必然趋势

企业是经济建设的重要微观基础，量大面广的中小企业是中国经济韧性、制造业韧性的重要支撑，是提升产业链供应链稳定性和竞争力的关键环节，也是推进产业基础高级化、产业链现代化以及增强制造业竞争优势的有力保障。我国高度重视中小企业发展，强调"中小企业能办大事"。如何促进中小企业平稳健康发展、切实为中小企业纾困解难，已成为当前稳增长的重中之重。

1　中国电子技术标准化研究院. 中小企业数字化转型分析报告 (2021) [EB/OL]. (2022-05-09)[2023-12-01]. https://www.cesi.cn/202205/8461.html.

　　智能制造转型推动了数据、信息、智能等要素的汇聚，将重构企业的创新模式。国务院及各相关部委陆续出台了多种类型的支持政策（如表1-2所示），提出"中小企业数字化促进工程"，将全面推动中小企业智能制造转型、数字产业化发展，夯实中小企业智能制造服务基础。31个省（自治区、直辖市）政府工作重点均含中小企业智能制造转型，积极探索助力中小企业智能制造转型升级的新模式。

表1-2　支持中小企业智能制造转型的政策（截至2021年底）

	类型	发文机关	发布时间	政策名称	相关内容
基础设施	积极提升基础设施覆盖广度与性能	中共中央办公厅、国务院办公厅	2021年1月	《建设高标准市场体系行动方案》	加大新型基础设施投资力度，推动第五代移动通信、物联网、工业互联网等通信网络基础设施，人工智能、云计算、区块链等新技术基础设施，数据中心、智能计算中心等算力基础设施建设
	进一步提升基础设施安全性能	国务院	2021年8月	《关键信息基础设施安全保护条例》	国家支持关键信息基础设施安全防护技术创新和产业发展，组织力量实施关键信息基础设施安全技术攻关
发展云端	引导互联网平台企业创新云端解决方案	工业和信息化部办公厅	2020年3月	《中小企业数字化赋能专项行动方案》	引导数字化服务商面向中小企业推出云制造平台和云服务平台，支持中小企业设备上云和业务系统向云端迁移
	帮助中小企业对接云上资源	工业和信息化部办公厅	2020年3月	《中小企业数字化赋能专项行动方案》	帮助中小企业从云上获取资源和应用服务，满足中小企业研发设计、生产制造、经营管理、市场营销等业务系统云化需求
	培育中小数字化服务商	工业和信息化部办公厅	2020年3月	《中小企业数字化赋能专项行动方案》	发展数字经济新模式新业态。培育一批中小数字化服务商
	打造云上产业生态	国家发展改革委、中央网信办	2020年4月	《关于推进"上云用数赋智"行动培育新经济发展实施方案》	协同推进供应链要素数据化和数据要素供应链化，协助打造"研发+生产+供应链"的产业链

续表

	类型	发文机关	发布时间	政策名称	相关内容
人才支持	引进和培养高端、复合型工业互联网人才	国家发展改革委、教育部、科学技术部等	2018年9月	《关于发展数字经济稳定并扩大就业的指导意见》	积极引进掌握先进数字技术知识的外国高层次人才，培育推动数字经济创新发展的国际化专家团队
	加强专业技术和管理人才培养	国务院	2021年8月	《"十四五"就业促进规划》	加大数字人才培育力度，适应人工智能等技术发展需要，建立多层次、多类型的数字人才培养机制
资金支持	加强各类银行对中小企业资金支持	中共中央办公厅、国务院办公厅	2019年2月	《关于加强金融服务民营企业的若干意见》	通过综合施策，实现各类所有制企业在融资方面得到平等待遇，确保对民营企业的金融服务得到切实改善。民营企业特别是小微企业融资难融资贵问题得到有效缓解
		中国人民银行、银保监会、国家发展改革委等	2020年6月	《关于进一步强化中小微企业金融服务的指导意见》	落实中小微企业复工复产信贷支持政策。开展商业银行中小微企业金融服务能力提升工程
		中国人民银行、银保监会、财政部、国家发展改革委、工业和信息化部	2020年6月	《关于加大小微企业信用贷款支持力度的通知》	各银行业金融机构要增加对小微企业的信贷资源配置。确保2020年普惠小微信用贷款占比明显提高
		银保监会	2020年7月	《商业银行小微企业金融服务监管评价办法（试行）》	进一步强化小微企业金融服务各项监管政策的贯彻落实，督促和激励商业银行提升服务小微企业的质效
	加强产融结合，提高融资信息对接	国家发展改革委、中央网信办	2020年4月	《关于推进"上云用数赋智"行动培育新经济发展实施方案》	探索建立政府—金融机构—平台—中小微企业联动机制，以专项资金、金融扶持形式鼓励平台为中小微企业提供云计算、大数据、人工智能等技术，以及虚拟数字化生产资料等服务

续表

类型		发文机关	发布时间	政策名称	相关内容
资金支持	鼓励数字经济企业上市融资、对接资本市场	工业和信息化部办公厅	2020年3月	《关于做好优质中小企业上市培育工作的通知》	各地中小企业主管部门要高度重视优质中小企业上市培育工作，加强与相关部门、机构的合作，促进中小企业发展与资本市场有机结合，推动中小企业提质增效，实现高质量发展
指导中小企业开展数字化	切实为企业提供更加积极、包容的发展环境	中共中央办公厅、国务院办公厅	2019年4月	《关于促进中小企业健康发展的指导意见》	按照竞争中性原则，打造公平便捷营商环境，进一步激发中小企业活力和发展动力
	开展面向中小企业智能制造转型的宣传、咨询服务	工业和信息化部办公厅	2020年3月	《中小企业数字化赋能专项行动方案》	加强培训推广。加强面向中小企业的数字化网络化智能化培训课程体系和教学师资队伍建设；加强新闻宣传，营造良好舆论环境
	成立专业化智能制造转型促进中心	国家发展改革委、中央网信办	2020年4月	《关于推进"上云用数赋智"行动培育新经济发展实施方案》	支持在产业集群、园区等建立公共型数字化转型促进中心，强化平台、服务商、专家、人才、金融等智能制造转型公共服务
	提升中小企业创新能力和专业化水平	工业和信息化部等多部委	2021年12月	《"十四五"促进中小企业发展规划》	明确提出了中小企业数字化促进工程等9项重点工程
优化中小企业创新发展环境	引导中小企业走"专精特新"发展之路	工业和信息化部、国家发展改革委等17部门	2020年7月	《关于健全支持中小企业发展制度的若干意见》	完善支持中小企业"专精特新"发展机制。健全"专精特新"中小企业、"专精特新""小巨人"企业和制造业单项冠军企业梯度培育体系、标准体系和评价机制，引导中小企业走"专精特新"之路
		国务院促进中小企业发展工作领导小组办公室	2021年11月	《为"专精特新"中小企业办实事清单》	从加大财税支持力度、完善信贷支持政策、畅通市场化融资渠道、推动产业链协同创新、提升企业创新能力、推动智能制造转型、加强人才智力支持、助力企业开拓市场、提供精准对接服务、开展万人助万企活动等10个方面提出31项具体举措

加快推进中小企业智能制造转型，不仅有利于构建全链条、全流程智能化生态，增强产业链、供应链韧性和自主可控能力，还能为质量变革、效率变革、动力变革注入新动能，是激发中小企业发展新动能的必由之路。然而，因为理念、技术、管理、资本等约束，中小企业智能制造转型推进不畅，中小企业正成为智能制造转型大军中亟待"帮扶"的群体。研究如何推动中小企业智能制造转型成为必然趋势。

1.1.2　中小企业智能制造转型存在难点

尽管已有很多支持政策出台，但当前中小企业智能制造转型依然面临着"如何转"的难题。不全面的转型认识、不适合的转型模式、不明晰的转型路径，以及不坚固的转型保障阻碍了中小企业的智能制造转型。

中小企业智能制造转型的落地需要关注四大要素：全面的顶层规划、清晰的实施路径、明确的重点任务、可靠的组织和机制保障。现有的国内外文献对中小企业智能制造转型研究主要集中在两个方面：①研究企业智能制造转型的本质，在此基础上研究中小企业智能制造转型所引发的一系列变革；②根据企业经营业务特点，或按一定标准，对中小企业进行分类，研究其智能制造转型成功所要具备的资源与能力。

经过文献调研，发现仍存在两个方面的问题。

（1）缺乏多层面的推进视角研究

针对如何开展智能制造转型的研究，多集中在探讨论证如何优化企业内部资源配置、提升协作效率、提高决策精准度方面，以及如何通过商业领域的创新与应用、生产运营模式调整等方式推动企业实现智能制造转型。企业内部通过数字技术整合特定资源并将其重新配置为企业核心竞争力，提升产品需求预测及供应链管理等关键环节的运作效率，有效改造运营模式，重组组织架构和业务流程，从而推动企业组织改革形成数字化的商业模式，提升企业发展质量，为企业发展创造更多的商业价值。

根据企业成长理论，企业的发展取决于企业自身能否高效利用现有资源与挖掘资源潜力，关键在于内部资源和外部环境的相互作用。实际上，由于自身发展条件限制，大多数中小企业无法进行自我革命，在进行智能制造转型过程中需要第三方的支持，以此促使企业智能制造转型。也就是说，中小企业的智能制造转型需要充分利用好国家、行业和企业本身的资源。然而，现有研究缺乏多层面的视角，对企业外部环境的关注不足，这在一定程度上阻碍了对推动中小企业智能制造转型形成系统性认识。

（2）缺乏行之有效的转型模式总结与分析

由于相关研究处于起步阶段，再加上转型之复杂和经验之缺乏，从实践的角度看，多数企业的智能制造转型面临挑战甚至失败。当前中小企业仍处于智能制造转型的发展阶段，有将近89%的中小企业依然处于智能制造转型的探索前行阶段，8%的中小企业处于践行阶段，3%的中小企业处于深度应用阶段 [1]。"不知道怎么做"是中小企业智能制造转型面临的重要难题。

很多文献虽然揭示了中小企业智能制造转型的内涵，在新一代智能化技术与制造技术深度融合，设备的互联互通，传统生产模式、组织模式和产业模式的重新塑造等方面进行了探索，但仍缺乏行之有效的转型模式总结与分析。企业自己摸索转型模式见效很慢，一些企业未能找到未来竞争的重点和商业模式。在这种情况下，企业通常会孤立且盲目地推进智能化，难以从中获得明显的价值。有些企业的智能化策略与其业务发展相互脱节，表现为"各行其道"，智能化部署的方向缺乏企业发展计划的有效引导。

本书着眼于多个层面在推动中小企业智能制造转型中发挥的作用，尝试建立一个开放性研究框架，探索和总结推进中小企业智能制造转型的影响因素和典型模式。

1　中国电子报. 数字化转型成中小企业高质量发展"必答题"[EB/OL]. (2022-05-25)[2023-12-01]. http://www.xinhuanet.com/techpro/20220525/584a39b1a7bf44618ada3661c6f7105f/c.html.

1.2 目的与意义

1.2.1 目　的

从全球范围来看，中小企业不分地域和经济发展阶段而普遍存在，一直是宏观经济增长的重要主体，是国民经济的主要组成部分，其稳定发展是国民经济稳定进步的重要保障，对国民经济系统具有战略意义。中小企业的智能制造转型及发展有助于落实供给侧结构性改革，有利于激发实体经济发展活力。

身处复杂多变的国际环境中，站在新时代的历史方位上，我国中小企业智能制造转型须以创新为动能，依靠科技力量，提高中小企业发展活力，增强其国际竞争力，兼顾国内国际市场，满足经济发展新要求。然而，我国中小企业在进行智能制造转型时，普遍面临三大困境：转型成本高导致"不愿转"、转型周期长导致"不敢转"、企业实力不足导致"不会转"。因此，本书的研究目的在于：①建立推进中小企业智能制造转型的研究框架，增强企业转型意识，为企业的转型指引方向；②总结模式，为企业的转型提供经验。

1.2.2 意　义

聚焦中小企业智能制造转型，研究总结其转型的推进主体和典型模式，具有一定的理论意义与现实意义。

（1）理论层面

智能制造转型的目的是建立企业的核心竞争力，在复杂多变的国际和国内环境中实现自身的持续、健康、快速发展。但是，我国中小企业发展历史短，关于中小企业智能制造转型的研究没有形成一个完整的理论体系。概念研究已初有成效，路径研究还处于初级探索阶段，我国中小企业的智能制造转型很难套用已有的理论和模式。

应进一步丰富中小企业智能制造转型研究的相关理论，从多层面论证，为中小企业的智能制造转型提供一些启示，为推进中小企业智能制造转型提供理论指导。首先，在结合相关理论研究和我国中小企业发展实际情况的基础上，总结推进中小企业智能制造转型的影响因素，例如产业链中的"链主"企业、赋能的平台企业、资源整合的产业园区等，并将这些影响因素纳入一个综合分析框架。然后，通过梳理文献，归纳总结基于这些影响因素的推进模式。最后，提出较为科学的推进中小企业智能制造转型的对策建议。

（2）实践层面

中小企业智能制造转型是新一代信息技术与制造业深度融合的产物。在人类几百年的工业发展史中，没有任何现成的经验可供我国套用，也没有任何一个地区能够创造出"放之四海而皆准"的智能制造转型路径。无论是德国的工业4.0，还是美国GE（General Electric，通用电气）的工业互联网，都不可能原封不动地照搬到中国，更何况它们本身也还在探索过程中。我国中小企业整体数量多，涉及的产业领域广泛。同时，由于缺乏对智能制造的正确认知，大多数中小企业不清楚如何准确把握智能制造转型的切入点，其发展策略无法满足市场需求，难以充分挖掘内部资源并有效利用外部资源来推动智能制造转型。

因此，项目组旨在深入开展推进中小企业智能制造转型模式研究，为中小企业智能制造转型提供现实指导，帮助中小企业更好地制定智能制造转型和发展战略，也可为政府引导和促进中小企业智能制造转型提供一定的参考与启示。

第2章

中小企业智能制造发展
目标、难点与问题

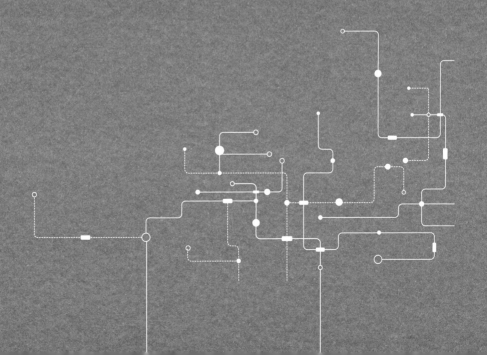

2.1　中小企业智能制造发展目标

智能制造是互联网与先进制造业共同发展的产物，是不同制造环节在先进科技的基础上的最优组合。中小企业智能制造分为很多环节，比如生产智能化、营销智能化、管理智能化、供应链智能化等。可以说，智能制造就是全面提升企业的内在发展能力，形成基于新技术的新商业模式，解决企业生存与创新、市场与运营、效率与发展的根本问题。智能制造转型的目标不仅仅是引入和应用新技术，真正的智能制造转型往往会对企业的战略、人才、商业模式乃至组织方式产生深远影响。智能制造体系建设关系如图 2-1 所示。

因此，中小企业要推进智能制造发展，需要重新塑造传统生产模式、组织模式和产业模式，对企业各要素、生产各环节开展全链条、多维度改造，进行全面创新。中小企业智能制造发展目标可以从产品、生产、服务和信息管理的智能化四个方面展开阐述。

2.1.1　产品的智能化

产品的智能化是指通过提高产品性能（完善产品功能、优化产品结构）或进行产品创新（推出新产品、改进旧产品），增加产品的单位价值。

例如，智能汽车在传统汽车的基础上，加入了现代传感和自动控制等技术，集成了多个智能系统，实现了汽车的智能网联和自动驾驶。其中，定位导航系统可对车辆位置和数

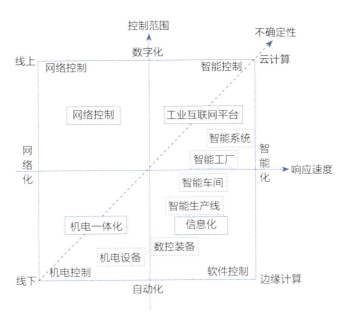

图 2-1　智能制造体系建设关系

据库中的道路信息进行比较，确定下一步行驶方向；辅助驾驶系统可感知其他车辆和障碍物的位置，向汽车传递减速或刹车等指令；运动控制系统可控制车辆的启动、换挡、转向、变速等功能；生活服务系统可将人的语音指令传达给车辆，完成信息查询和人车互动。

2.1.2　生产的智能化

生产的智能化是智能产品的物化过程。智能生产线、智能车间和智能工厂是智能生产的主要载体。智能化技术融入企业的生产环节，提升了企业的生产效率和生产质量，使低端工艺流程向高端化升级。一方面，企业通过信息系统中的行业解决方案优化业务流程，利用云平台中的设施和服务整合设备、数据、劳动力等资源，运用智能化机器设备替代低技能劳动力，从而提高生产效率；另一方面，企业借助大数据分析、人工智能、云计算等技术手段设计并监控生产过程，从而降低生产成本，提升产品质量，优化生产运作。

例如，美云智数科技有限公司（美的集团旗下的全价值链企业云服务商）通过对企业生产线进行智能制造改造，将企业的工厂、车间、机床、物料、工单等信息转变为结构化数据，对照工艺路线图和质检工程图检测产品的工艺路线和实施进度，从而提升企业的生产和管理能力。美云智数科技有限公司已为汽车、家电、装备等数十个行业的近200家企业提供了包括流程重组、工艺优化等在内的价值链升级方案，将企业的制造综合效率平均提高了33%。

生产的智能化主要从生产过程和生产管理两条主线实现创新。在网络连接和数据集成的支持下，两条主线深度集成，推动装备、生产线、车间、工厂发生革命性变革。在今后一段时间内，中小企业的生产线、车间、工厂的智能化转型将成为推进智能制造的主战场。对于制造业中小企业而言，通过"机器换人"，促进生产能力的技术改造、智能升级，不仅能解决生产一线劳动力短缺和人力成本高升的问题，还能从根本上提高质量、效率和企业竞争力。

2.1.3 服务的智能化

随着数字化网络化智能化技术的飞速发展，制造企业的信息采集、存储、分析、传输等能力得到极大提高。制造企业以产品为媒介，在整个生命周期内与客户进行互动。依托优异的产品服务体验，制造企业和客户的关系黏性增强，变得密不可分。这些由数字化技术、网络化技术或智能化技术推动的产品服务体验，称为服务的智能化，其主要包括三大类。

①市场营销服务的数字化网络化智能化：通过以大数据智能为核心的市场营销模式，快速获得用户的需求，提高市场端和生产端的衔接效率，在产品与服务的互相渗透过程中增加产品附加值，从而提高市场价值和品牌价值，延伸产品价值链。

②售后服务的数字化网络化智能化：主要围绕产品功能展开，从产品的

运行维护、回收再制造等方面有效增强企业与客户的纽带。

③效能增值服务的数字化网络化智能化：在数字化网络化智能化技术推动下，物理产品将变成一定功能的外壳，产品为客户带来的效能将成为价值创造的本源，产品效能增值服务成为产品服务的重要组成部分。对于商业用户来说，购买物理产品的成果体验和服务范围应该包括帮助其提高运营效率、推动业务增长。

服务的智能化促使制造业的产业模式和业态从以产品为中心向以用户为中心转变，完成深刻的供给侧结构性改革。这样的根本性转变主要体现在三个方面：①制造业生产模式从大规模流水线生产向定制化规模生产转变；②制造业组织模式从竞争与垄断向竞争与协同共享转变；③制造业产业模式从生产型制造向服务型制造转变。

2.1.4 信息管理的智能化

信息作为重要资源，对企业的日常经营和发展来说有着非常重要的作用，企业只有在充分掌握和了解信息的基础上，才能对内实现良好的管理，对外掌握好企业的发展方向。中小企业本身体量不大，同时又面临着激烈的市场竞争，其要想获取更多的利益、更好的发展，就需要对信息资源进行充分利用，提高信息资源的利用效率，实现信息管理的智能化。

例如，共享智能装备有限公司铸造智能工厂产业化项目，助推传统铸造行业向智能化、绿色化转型，将企业管理层的计划、考评、员工管理等诸多管理内容纳入其中，形成工序级的完整性控制，实现全流程闭环控制。每个相关角色都可以随时掌握有效信息，企业内部和外部的信息资源得以充分共享，企业从而实现全面有效管理。同时，企业利用大数据技术和企业管理模型，持续对企业管理进行优化，提高自身的核心竞争力。

2.2　中小企业智能制造的主要内容、范围和方法

智能制造是指企业在产品本身、制造方式、销售方式、供应链等方面，朝着数字化、网络化、智能化方向的转型升级和发展。本项目研究主要聚焦在制造方式上，包括企业的生产经营管理等如何向数字化、智能化、网络化转型。从全球目前的情况来看，中小企业向智能制造发展是世界性难题，因此，本项目研究主要聚焦在中小企业上。

中小企业智能制造发展的战略研究，既包括单家企业的转型路径与方法，又包括某个地区、某个行业的转型路径与方法。前者偏重微观层面、技术层面的研究；后者偏重方法、路径、制度、政策等相对宏观一些的研究。本项目的研究目的是为各级党委政府和主管部门提供决策参考，因此主要聚焦后者，即推动一个地方、一个行业的中小企业向智能制造转型的路径与方法。

就制造方式来看，不论是流水线的大规模生产、精益生产，还是自动化、信息化，主要是企业实践的总结提炼，从实践上升为理论，而不是从理论推导到实践。因此，本项目以浙江省为例，研究其推动中小企业向智能制造转型的实践，加以总结、提炼并做必要的理性思考，以期摸索出规律性的方法与路径。

2.3　中小企业智能制造面临的主要问题

推进中小企业智能制造发展实质上是多约束条件下的多目标决策问题，也可以说是构建中小企业智能制造发展的问题与解法的抽象模型。

2.3.1　多转型目标

中小制造企业、转型服务商、政府是推动中小企业向智能制造转型的重要主体，三者高效合作才能促成转型取得良好局面。现阶段，三方主体

对转型的目标如下。

①中小制造企业：管用易用、低价高效。成本刚性上升、利润逐年下降是中小制造企业当前面临的主要问题。企业期望通过智能制造转型，提高接单能力、产品质量、市场占有率、劳动生产率和利润率，增强生存能力和市场竞争力。因此，中小制造企业对智能制造系统的要求是切实解决问题、使用维护方便，并且投入低、回本快。

②转型服务商：较多用户、较高盈利。中小制造企业向智能制造转型需要数字工程服务商提供系统并帮助改造，平台商提供后续服务。对于这些服务商来说，持续性的服务、较高的收益是最直接的目标。因此，产品及服务标准化程度越高，则复制推广速度越快；前期市场扩张越快，则后期客户数量越多且稳定，盈利能力也越强，这是服务商追求的目标。

③政府：快速推广、全面铺开。中小制造企业量大面广，在经济发展、增加税收、提供就业等方面具有十分重要的作用，各级政府都希望智能制造转型能在中小制造企业中尽快推广。现阶段对政府来说，"迅速扩面"是其直接目标。例如，浙江提出 2025 年要实现"三个基本全覆盖"，江苏提出每年重点培育 1000 家上云中小企业。

由上可见，多主体导致多转型目标，目标之间甚至存在一定矛盾——这是中小企业向智能制造转型的一个主要特征。多转型目标，意味着转型路径与方法的探索和选择之困难。只有通过综合衡量、最大化满足三个主体意愿的方案，才能激励多方合作，推动高效转型。

2.3.2　多约束条件

中小企业向智能制造转型还因其固有属性、客观因素、特殊阶段而存在多个约束条件。

①缺资金、缺技术、缺人才。这"三缺"是传统中小企业的固有特征，构成刚性约束。必须基于中小企业的"三缺"推进智能制造转型，要想突破这一约束是行不通的。

②工业门类多、专业性强，企业智能化改造需要一定程度的定制。按统计归类，工业有 39 大类、191 中类、515 小类，小类还可再细分，细分行业总量有上千种。不同的行业之间有一定的专业壁垒，每家企业的生产经营管理又各具特点，因此必须尊重和直面这一刚性约束，基于行业特征、企业特点来推进智能化改造。

③行业平台建设难、软件开发投入大、数字技术迭代快、企业服务成本高，是供给侧面临的阶段性问题。供给侧当前面临的这些问题，虽然制约自身的营利能力和影响工业企业转型的成本，但这是软约束，可以通过技术创新、模式创新来分担或降低成本、提高效率、增加收益。

④智能制造市场具有非典型性特征，制约着市场的培育发展和治理完善。如果把企业通过智能化改造完成的数字工厂、智能工厂看作一件作品的话，它是供需双方通力协作、共同完成的，带有定制性质的"千企千面"的服务产品。其所形成的市场，不同于相对标准的商品和服务的买卖市场，具有非典型性。中小制造企业难以找到合适的转型服务商，转型服务商又难以接到足够的订单，两者并存、供需失配是当前这一市场的主要特征。这一市场的培育、发育和治理，不能生搬硬套原有商品和服务市场的方法，需要不断探索创新。

2.3.3 多转型困境

我国中小企业向智能制造转型遇到以下困境。

①推广速度缓慢。近几年，各地政府出台政策，大力支持智能制造试点，但示范企业数量少，全国一共也就几千家，以大中企业为主，中小企业极少。这些试点企业的模式得以复制推广的情况寥寥无几。实践证明，就全国上百万家工业中小企业数量来说，要靠"灯塔工厂"、标杆企业、试点企业的示范作用来拉动量大面广的中小企业向智能制造转型，路子难以走通。

②改造成本较高。从已有的案例来看，大中型企业数智工厂的建设成

本动辄上亿元、上千万元，中小企业也要几百万元，这对于规模不大、利润不高的中小企业来说，难以承担。成本高的主因是按项目法来建数智工厂，每家企业都要个性化定制软件开发、系统集成、数据治理以及平台建设，定制成本过高。

③转型价值难以显现。目前，部分中小企业已启用OA（office automation，办公自动化软件）、财务管理软件或电商销售平台，有的用了ERP（enterprise resource planning，企业资源计划）或MES（manufacturing execution system，制造执行系统）等套装软件，零零星星，不成体系。这种以套装软件为主、零打碎敲式地上项目的方式，导致业务孤岛、数据孤岛的形成，数据价值、转型效益难以体现，后续数据集成和软件升级更是难上加难。

④合力难以形成。数智工厂是制造技术与数字技术、人工智能技术的深度融合体。转型成功的案例表明，它是工业中小企业、工程服务商、平台服务商、咨询方和监理方通力合作、共同创作的"作品"。同时，还需要政府组织协调各方力量，提供政策支持以降低转型风险。由于各方在认知、目标、合作意愿等方面存在差异，标的具有不可见性，且多方难以形成合力，因此转型的成功率不高、风险较大。

2.3.4　解法分析

从总体上看，为摆脱上述困境，在不突破硬约束、改善软约束的基础上，应通过不断尝试、迭代，优化解题的路径方法，逐步接近目标；应力求目标之间达到平衡，以多方满意度来评价实现目标的路径和方法。解法不是唯一的，而是一个集合或一个域，是权衡得到的相对满意的答案。这与目前中小企业向智能制造转型的实际情况是相符的。

2.4 现有智能制造发展的路径与方法比较分析

按照上述多约束条件下的多目标决策问题模型及解法，首先要对现有的智能制造发展的路径与方法进行比较分析，从中找到较优解。实际上，中小企业数字化、智能制造转型是世界性难题，全世界都没有现成的答案，国内工业企业、软件公司、数字工程商、智库、政府部门等都在不断摸索转型之道，试图破解这一难题。总结现有的路径与方法，主要有以下六种：以企业为中心的定制法、以软件为中心的项目法、以试点为中心的示范法、以平台为中心的APP（application，应用程序）法、以细分行业为中心的学样仿样法、以行业平台化服务和企业智能制造为中心的"行业平台+数智工厂"法。

六种转型路径与方法比较如图2-2所示。

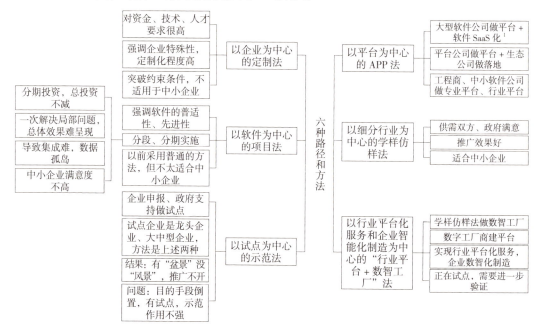

图2-2 六种转型路径与方法比较

---

1 SaaS：software as a service，应用运营服务。

2.4.1　三种与中小企业不够适配的路径与方法分析

（1）以企业为中心的定制法

一般大中型工业企业十分强调其生产、经营、管理、业务、流程的特殊性，因而在智能化改造过程中要求个性化定制的内容比较多。一般先由著名咨询公司进行企业诊断并设计解决方案，然后由大型软件公司、平台公司分包某些业务模块，大中型工业企业自己做系统集成，投入动辄几千万元甚至上亿元。我国大中型企业实施智能化改造比例远高于中小企业，原因在于大企业资金、技术、人才雄厚，有底气在智能化上大投入，大的数字工程商也愿意承接大项目，利润比较丰厚。虽然大中型企业智能化改造有较多的成功案例，但中小工业企业看了这一做法普遍望而兴叹。大型数字工程商对中小工业企业智能化改造也望而却步，认为中小企业智能制造改造既利薄又不好做，是"苦活、脏活、累活"，只有中小型数字工程商才能针对中小企业开展智能化改造业务，从而形成"大对大""小对小"的智能化改造市场。大中型企业定制的软件，由于个性化较强，在行业中也难以推广。由于中小企业"三缺"的约束，以企业为中心的定制法不适合中小企业。

（2）以软件为中心的项目法

软件公司和数字工程商十分强调ERP、MES、WMS（warehouse management system，仓库管理系统）、PLM（product lifecycle management，产品生命周期管理）等系统软件的普适性、先进性，认为它们集成了企业的先进管理经验，要求企业生产经营管理必须使用这些系统软件。考虑到同时启用众多系统软件成本太高，因此一般采取分步实施的项目法，一次上一两个系统软件，如先上ERP，然后上WMS、PLM，几年后再上MES，等等。这种方法的主要缺点如下。①系统软件成本高。虽然系统软件集成了很多功能，但很多中小企业不一定用得上。分步上项目虽然有利于中小企业，但所有项目的总成本仍然相当高。②仅解决局部问题，效果不明显。

企业的生产、经营、管理、销售、仓储、采购等是一个有机的系统，虽然上一两个项目解决了局部问题，但其他瓶颈问题仍然限制全局的效率，总体效果出不来。③难以集成，易出现信息孤岛。不同的改造时间、不同的软件公司、不同的工程服务商，必然导致系统软件集成困难，系统不配套，数据打不通，进而造成使用不便、业务不畅、效果不佳。

上述缺点导致许多中小企业上了一个系统软件后就不愿意再上其他系统软件。因此，这一方法也不太适合中小企业的智能化改造。

（3）以试点为中心的示范法

近几年，在各地政府的鼓励之下，涌现了不少智能化改造试点示范企业。总体来看，这些试点示范企业大多是当地的龙头企业、大中型企业，它们主要采用上述两种改造方法。从示范效果来看，出现有"盆景"没"风景"的现象，在中小企业中推广很少。示范法没有很好地考虑中小企业"三缺"和工业门类多、专业性强等硬约束，大中型企业的试点效果并不适用于中小企业，因此事实上这些试点缺乏示范作用，相关经验的复制推广也就没了下文。

2.4.2　三种成效初显但仍在探索的路径与方法分析

（1）以平台为中心的APP法

①以大型软件公司为主，把系统软件解耦在平台上SaaS（software as a service，应用运营服务）化，以期降低部署成本，改变商业模式，适合于中小企业。目前，大型软件公司都在向这一方向发展。②平台公司做中台，数字工程商及其他生态伙伴做SaaS软件，并由数字工程商负责在中小企业集成和落地。如中控的蓝卓公司提出的工厂操作系统（平台）+APP的方法。③数字工程商、中小型软件商等转型做平台，专做某类或某些行业的平台及SaaS软件，同时与其他平台协作，企业智能化改造的落地主要由企业自身负责。总的来看，以平台为中心的APP法改变了原来的定制法、项

目法的商业模式，也改变了企业智能化改造的部署方式和付费模式，总体有利于中小企业。对中小企业来说，该方法成本低，后续可提供软件升级等服务，解决中小企业缺技术、缺人才、缺资金的问题；对平台和工程服务商来说，推广该方法的边际成本低，后续服务可持续；对政府来说，该方法复制推广快，是多约束条件下多目标决策问题的较优解，可作为重点尝试方向，可加大扶持力度。但这一方法目前还在探索之中，还没有得到有效验证，其部署方式有待中小企业认可，平台和工程服务商的商业模式尚待走通。

（2）以细分行业为中心的学样仿样法

浙江省智能制造专业委员会从2019年开始，用了三年多时间，对六个县市的企业［包括新昌轴承、北仑模具、长兴织布、兰溪棉纺、江山木门、永康电动（园林）工具］进行探索实践，最后以江山木门为蓝本，总结了学样仿样法。这一方法受到了中小企业的普遍欢迎，被数字工程商积极采用，并得到了各级政府和部门的充分肯定。学样仿样法综合考虑到三个主体的目标要求和多个约束条件的制约，以细分行业作为切入点，由政府牵头组织工程服务商和中小企业，抓住行业的共性问题和企业的个性问题，先做行业的样本企业，然后在中小企业中实现智能化低成本轻量化改造、样本式大规模推广，是一种适合中小企业智能化改造、建设数智工厂的较优的路径和方法（具体内容在第3章详细阐述）。

（3）以行业平台化服务和企业智能化制造为中心的"行业平台+数智工厂"法

2019年，浙江省智能制造专家委员会首次提出"行业平台化服务、企业智能化制造"的模式，而后三年多一直在进行探索。首先，探索成功以细分行业为中心的仿样学样法，主要任务是建设数智工厂，同时鼓励数字工程商建设和使用平台以提供"小、快、轻、准"的平台化服务，使行业云平台建设和数智工厂建设有机结合起来。这一方法在新昌轴承、北仑模具、永康电动（园林）工具的智能化改造中进行了有益探索，目前还在不断创新和完善。

2.4.3 比较分析得出的初步结论

中小企业向智能制造转型，不宜采用大型企业一家一家改造的方法，而要以细分行业为切入点，抓行业性的整体改造。

细分行业的整体数智化改造，要先做数智工厂的企业样本，然后再按学样仿样法复制推广。

细分行业的数智化改造，要把行业共性问题和企业个性问题分开，利用共性问题的解决方案和软件的可复制性，提高改造质量，降低改造成本。

中小企业数智化改造宜采用平台化部署，它具有低成本、快复制、易维护等特点，适合工业中小企业"三缺"的特点。

行业平台与数智工厂是一个有机整体，是推动细分行业整体向智能制造发展的生态体系，宜同步规划与实施。

2.5 中小企业智能制造发展的难点痛点分析

虽然通过对上述六种转型路径与方法的比较分析，得出了初步结论，找到了较优解，但中小企业智能制造发展仍然存在许多难点和痛点。只有这些问题得以解决，才能较快地推动量大面广的中小企业向智能制造转型。

2.5.1 工业互联网平台建设难

行业平台正成为中小企业数智化改造的首选部署方式，正逐步替代原来的单体软件架构。这是因为平台化部署的改造运行成本低，推广普及速度快，软件迭代升级方便，对工业中小企业、数字工程服务商都有利，各级政府也正在加快推广应用。虽然发展方向逐渐明确，但平台总体进展不快、营利的平台极少，业内人士、专家都认为工业互联网平台建设很难。主要原因如下。

（1）工业互联网平台是一个体系，且体系结构比较复杂，因此平台建设的难度大、时间长

消费类互联网主要涉及交易、支付、交付三个环节，与其对应的是订单流、资金流、物流，三流构成闭环并经线上线下融合，在平台上形成端到端的商品或服务的买卖业务。工业互联网是一个庞杂的开放体系，其涉及的既有企业内的生产经营管理，又有企业间的供应链（包括交易、物流、交付），还有与市场相关的产品研发设计，且行业间、企业间的关系复杂。因此，它不像消费互联网那样由一个或几个平台即可构成闭环，而是由平台群构成的平台体系，且这一体系结构比较复杂。从目前来看，这一平台体系正向着纵向分层建平台、横向分业建平台、功能分类建平台以及大企业（集团公司）自建平台、链主企业建设链式平台的方向演进。

①纵向分层建平台。从纵向来看，有云基础设施平台（基础设施即服务，IaaS）、中间层平台（平台即服务，PaaS）和应用平台（软件即服务，SaaS），它们呈纵向合作关系，由底层向中间层再向应用层赋能。消费互联网平台一般呈纵向一体化结构，而工业互联网平台正从一体化向分层专业化方向发展。主要表现为中间层平台（也称中台）的兴起，它利用云基础设施平台的资源和工具，为上层SaaS应用提供共性服务。如中控的蓝卓公司以构建"平台+APP"为目标，自己专做企业（工厂）操作系统，集成生态公司的APP，并由生态公司负责智能化落地。钉钉、华为云、企业微信、飞书（属于字节跳动）等原先做企业智能化的大公司，转而做PaaS平台，赋能生态公司，负责企业智能化落地。

②横向分业建平台。由于工业行业的专业性强，平台的行业特征明显，跨行业的平台极难见到。如宁波创元信息科技有限公司的Neural-MOS生产操作系统平台专做模具行业，新昌陀曼云MQTT平台专攻轴承行业，杭州吉客云平台以个性化定制为主。

③功能分类建平台。平台功能繁多，有专做CRM（customer relationship management，客户关系管理）、ERP、MES的SaaS平台，还有供应链服务

平台、专业性服务平台（如设备远程运维平台）。目前，很多大型软件公司（如用友、金蝶、鼎捷等）把原有软件进行 SaaS 化，并打造自己的平台。

④大企业（集团公司）自建平台。有的大型企业或集团公司因其内部构成上下游供应链关系和相对闭环的系统，一般倾向于自建平台，且自建平台在成本和效率上也比较合算。

⑤链主企业建设链式平台。消费市场由买卖双方构成网状结构，与互联网结构相似，构建互联网平台相对简单。工业市场一般呈链状，链与链再铰合构成网链结构，比消费市场复杂得多。不少链主企业（如整车、整机等）试图打造链式平台，通过链式平台把上下游企业串成一个整体，构成基于互联网平台的新型分工合作关系。这类似于日本的很多株式会社，它们利用股权等方式形成长期的紧密的分工合作关系。

（2）工业智能化的单边市场特性导致平台商业模式的探索很艰难

消费互联网平台一般是双边市场（自营的电商平台除外），买卖双方构成"多对多"的关系。双边市场存在很强的网络效应，一边用户的增长会引起另一边用户的增长，总用户会呈指数级增长。因此，流量是消费互联网的关键。除 B2B（business-to-business，企业与企业）交易平台外，工业互联网平台一般是"一对多"的单边市场，平台公司是服务提供方，客户是服务购买方。单边市场的用户仅呈线性增长，增长速度相对较慢，用户增长慢直接导致平台投资回报期延长。有的公司试图按双边市场来构建工业互联网平台，如蓝卓等公司专做中台，由生态公司来进行智能化改造和做 SaaS 软件。另外，从上述工业互联网平台的体系和结构来看，一般的工业互联网平台专业性强、用户规模不大，因此平台盈利也比较困难。从目前来看，像云基础设施平台、专业的 SaaS 平台之类的通用性较强的平台，因用户较多而容易盈利。例如，国内外的云巨头企业；再如，做 CRM 的 Salesforce 公司、做数据仓的 Snowflake 公司。而像 PaaS 层平台、行业性 SaaS 层平台可能限于行业专用，商业模式的摸索比较艰难。从以上分析来看，工业互联网平台要想打通商业模式，要么走"平台+生态"的路子，建立双边市场；要么走"平台专业化＋多平台合作"的路子，通过开放接口增强合作，共享用户，共同为用户提供服务，迅速扩大用户规模。

（3）一些工业中小企业存在"不能、不敢、不愿"上云用云的问题，不利于平台建设，需要较长时间去解决

一是不能上。数字工厂是工业互联网的智能终端，就像消费互联网的智能手机一样，没有智能终端，平台亦无用武之地。我国大多数中小企业没有建成数字工厂，有的只做了信息化，有的仅做了OA、财务等部分信息化，有的连信息化都还没做，智能化改造更是任重道远。二是不敢上。有的企业担心网络安全、数据安全、平台安全等问题，怕受网络攻击，影响正常生产经营；有的怕数据泄密，为竞争对象、政府监管部门所用，造成不应有的损失；有的怕中小平台工程服务商、数字工程商倒闭，企业无奈停摆。这些担心顾虑，使一些中小企业宁愿自己买服务器，做成封闭的局域网。三是不愿上。有的中小企业认为平台还不完善，不愿意上平台。

2.5.2　打通数据、用好数据难

数据是重要生产要素。中小企业如何打通数据、用好数据、挖掘数据价值，是企业智能化过程中十分重要的工作。如果不能打通数据，企业就会停留在数据孤岛效应明显的传统的信息化老路上。如果不能用好数据、充分挖掘数据价值，企业智能化就会事倍功半。许多中小企业对打通数据的认识逐步提高，在智能化改造时十分重视打通数据。但从使用数据来看，绝大多数中小企业仍停留在大屏、看板等阶段，企业普遍反映深度数据挖掘是下一步努力探索的方向。总的来说，这几年打通数据的问题正在逐步得到解决，用好数据的问题进展还不够快，主要原因如下。

（1）缺乏数据治理能力

数据治理的目的是保证数据的可用性、质量和安全。一般中小企业缺乏数据治理意识和能力。有的数据在源头上就质量不高，如不同部门对同

一物料的叫法不一；有的系统软件于不同阶段启用，数据格式不统一，数据易丢失或出错；有的中小企业没有数据管理专职人员或部门，对数据采集、归集、清洗、使用、监督等缺乏统一管理。这些情况，都给打通数据、用好数据造成一定的困难。

（2）缺乏数据集成能力

有的企业为了数据隐私保护而不愿意用平台模式部署，选用本地化的软件部署模式；有的数字工程商仍主推信息化改造，将本地化软件部署，一般用ERP作为平台，采用接口技术把ERP与CRM、MES、WMS等软件连接起来，没有统一的数据中台、数据底座，如此虽然可以勉强打通数据，也能呈现数据，却难以用好数据。同时我们看到，本地化软件部署虽然有利于数据隐私保护，但失去了互联、共享、软件快速升级、智能化改造低成本、数据挖掘方便等许多优势，长期来看是不合算的。

（3）缺乏数据开发能力

较深层次的数据挖掘需要工业知识（数据背后所反映的工业机理）、数学知识（建立数学模型）、计算机及软件知识（数据的算法以及人工智能工具）的综合，中小企业普遍没有这种能力，一般大中型企业也缺乏这种能力，中小数字工程商亦无力承担。如何解决这一难题？需要大力培育针对制造业的第三方数据开发机构，行业性的研究机构和企业研究机构可以转行做行业大数据开发。

（4）缺乏数据规划能力

很多中小企业由于缺乏数据统筹规划能力，在数字化、智能化改造之前没有对数字工程服务商提出数据需求，而数字工程服务商对企业的技术经济指标又不熟悉，因此双方的主要精力都放在系统功能实现上。系统上线以后，企业发现很多支撑生产优化数据缺失（如产能利用率、库存周转率、成本利润率等），很难进行有效的数据分析以优化生产经营。

2.5.3 智能制造服务市场培育难治理难

企业数字化、智能化的目标是把传统工厂改造建设为数字工厂、智能工厂，它不同于商品和服务的交易市场，也不同于工程建设市场，具有非典型的特征。

智能制造服务市场的交易标的（即数字工厂、智能工厂的建设）有以下特点。①标的是隐性的或非显性的。企业数智化改造完成后，其功能才得以显现，事先只能参考已做好的数字工厂、智能工厂样本。②标的是不稳定的。数智工厂需要分阶段建设，而且数字技术进步很快，需要不断迭代、升级、优化。③标的有定制成分。市场上有 ERP、MES、WMS、PLM、APS（advanced planning and scheduling，高级计划与排程）等标准化的系统软件，但落地到具体工业企业，需要二次开发，有些内容还需要定制，否则不适用于特定企业。此外，数智工厂建设是企业流程再造、组织变革、系统重塑的不断优化迭代过程，也具有一定程度的定制性质。④标的是供需双方共同打磨出来的。不论是改造前的咨询、方案设计，改造过程中的软件二次开发、定制，还是改造后的员工培训、使用，都需要供需双方的协作配合，没有需方的密切配合，仅靠供方独家完成不了数智工厂建设。

智能制造服务市场的交易过程有以下特点。①交易双方信息不对称。非专业人员看不懂其内在逻辑、数字技术，一般中小企业缺乏看得懂的专业人才。②交易有拆分性质。数智工厂建设目标是连贯的、整体的，但一般采取分段、分期建设，而且不同阶段可能由不同的供给方来做。同期的建设，可能有总包、分包，咨询与建设可能也会分开。这样的拆分性质可能导致数据孤岛、业务孤岛等问题。③供给方本身是一个多层次的复杂市场，包括云服务市场、平台+生态组成的市场、系统软件代理市场、数字工程改造市场，单独一家供应商难以承揽企业数智化所有的技术和工程，需要多方合作。④价格以供需双方协商议定为主。市场上仅成熟的软件、SaaS化服务有明码标价，企业数智化改造工程一般都采用议价方式。⑤数字工程的监理、验收等机构比较缺乏。

智能制造服务市场既是一个非典型的市场，又处于发展初期，目前存在着一些问题。从调研结果来看，智能制造转型过程中付款慢、付款难、工程烂尾等现象时有发生，纠纷发生之后调解、仲裁、诉讼等很多案件也不了了之，供需双方对标的的认同不一致而导致许多纠纷，产生纠纷后又难以认定、难以处理。可以看出，市场培育没有现成的方式，市场管理没有现成的模式，治理体系和治理方式没有现成的方案，这些方面有待不断创新和完善。

2.5.4 数字工程总包商和平台服务总包商培育难

从供给端来看，数智化供应商主要分三大类。数量不少，但良莠不齐。①软件类。主要有CRM、ERP、MES、WMS、PLM、APS、SRM（supplier relationship management，供应商管理）、CAS（computer-aided system，计算机辅助软件）等数十种系统软件的供应商，还可以按功能、行业再细分。一般软件公司只局限于其熟悉的某类软件，我国大中型软件公司也仅精通一两类系统软件。②平台类。前面已阐述工业互联网平台发展呈纵向分层、横向分业、功能分类的趋势，还有大企业自建平台、链主企业自建链式平台。目前，全国工业互联网平台公司很多，但每家平台的局限性都很强。③其他类，包括解决方案咨询商、设计商、工程集成商、监理验收公司、ISV（independent software vendor，独立软件开发商，属平台生态商）、数据应用开发商、软件经销商、代理商。从调研来看，许多供应商仅精于某一行业、某一方面，有的甚至仅会做信息化工作。它们相当于建筑市场的某类材料供应商，而不是建筑总包商。但他们号称什么都会，还去工业企业承担数智工厂建设。良莠不齐的供应商造成工业企业选择上的迷茫。

从需求端来看，由于工业中小企业对数智工厂建设不懂、不会，因此迫切需要数智工厂建设总包商、平台服务总包商帮助它们做规划、做集成、做服务。建筑工程建设的关键在于工程总包商，同理，数智化改造或数智工厂建设的关键也在于数字工程总包商、平台服务总包商。目前数智化供应商种类多、数量也不少，但合格的或优质的总包商比较缺乏，这一现状严重制约着智能制造的发展。

为什么数智工厂建设的总包商和平台服务商数量少、培育难？原因主要有以下几个方面。①缺能力。总包商主要做数智工厂的规划和集成，涉及许多领域的知识和能力，既要懂工控、通信、软件、数据、模型等，又要懂行业、企业生产管理经营和供应链等，还要懂平台的建设与运维。具备这些能力的公司少之又少，培育起来也相当难。②缺实践。总包商的能力提升主要靠实战，在实践中不断积累和提升。数智工厂建设的实战是一个试错过程，但又不能推倒重建。如果推倒重来，对供需双方都是重大损失。有的供应商做不好就倒闭了，有的需求方因没做好就不愿意再试了。从浙江省智能制造专家委员会的专家所在企业来看，做得好的都是几家合作非常好的工业企业，相当于双方合作研发了某个细分行业、某个方面的智能化解决方案，然后在这一领域逐步形成竞争优势。③不愿意。不少公司不愿意做总包商，因为总包商要在咨询、设计、集成上投入较大精力，但一般工业企业不愿意在这方面花大钱；总包商还要承担总体建设责任，风险较大，收益却低。

为了解决数智工程总包商和平台服务商数量少、培育难的问题，浙江省智能制造委员会从成立开始就一直在做培育工作，同时，联合杭州市滨江区着力打造智造供给小镇。区政府每年安排不少于1亿元的预算培育总包商，并采取考核等办法检验培育成果。从前几年的情况来看，总体效果较好，但进度还是不够快，远远满足不了市场需求。

2.5.5 诊断咨询、方案设计、监理验收等服务机构培育难

从数字工厂、智能工厂建设的过程来看，先要进行诊断咨询，再根据诊断咨询情况进行方案设计评审，通过后，再进行具体建设施工，建设过程中需要工程监理，建设完成后要进行验收。建成的数字工厂、智能工厂

有两大基本功能：业务数据化、业务程序化。所有业务数据化后，生产经营管理实现可视化，使传统工厂转变为透明工厂，可进行可视化管理。所有业务程序化后，可实现生产经营管理流程化、规范化。从以上分析可知，具体建设施工很重要，而诊断咨询和方案设计、监理验收更重要。因为诊断阶段是找到问题，咨询阶段是确定目标，方案设计阶段是找出最佳的解决问题方法，建设施工是具体实现手段，监理、验收是为了不偏离目标。如果没有找对问题、没有设计出最佳方案，不但数据会出问题、可视化反映出的问题不真实，而且原来工厂不合理的流程可能会固定化、长期化。长此以往，智能化这一手段不但没能很好地推动转型，而且有可能使落后的生产经营管理合法化，有些企业智能化正是因此而失败的。

从目前中小企业数字化、智能化改造的实践来看，对诊断咨询、方案设计和监理验收的重视程度远远不够。有的企业没有经历这些阶段，直接买软件、做开发；有的数字工程商既是建设施工者，又充当诊断咨询、方案设计和监理验收的角色。产生这一问题，一是因为需求方不看重、不买单，认为企业知道自己的问题，即使做好数字工厂也不知道好不好用，不需要其他机构帮助——这属于认识问题，也是市场发育上的问题；二是因为数字工程商认为工业企业规模小，问题也小，自己与企业商量着办就行，不需要他人插手，做一单是一单，因此与需求方矛盾多、纠纷多，半拉子工程不少；三是因为专业从事诊断、设计、监理、验收的企业不赚钱，尤其是为中小企业服务的更不赚钱，因为单子小、抽成比例低，而且人工贵，所以从业者少、从事相关业务的企业少，有的企业专为大企业服务，有的企业看着不赚钱，转型做数字工厂建设者。许多地方对中小企业的诊断工作主要由政府组织、政府买单，以试图解决一些问题，同时培育这类市场和机构。

第3章

中小企业智能制造转型框架体系

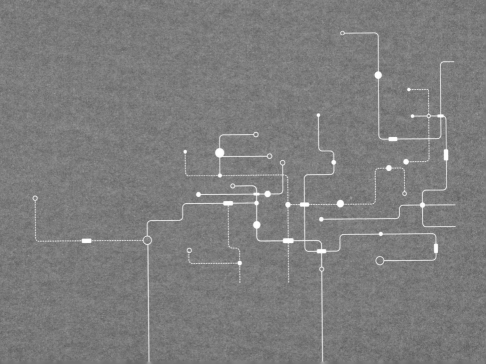

中小企业智能制造转型利用数字技术，推动技术、业务、人才、资本等要素资源配置优化，从而提升企业运营效率和服务客户能力，降低企业运营成本，最终达到提升产品和服务的竞争力、让企业获得竞争优势的目的。

3.1　内生动力是中小企业智能制造转型的前提

解决中小企业智能制造转型"不愿转"问题的关键在于激发它们实施转型的内生动力。智能制造转型是属于先投资、后见效的项目，而企业在投资后若没有很快看到效果，将造成转型中途夭折；且转型过程往往要对企业原来粗犷式的管理方式进行改变，而企业家难以克服其管理思维惯性。因此，不"逼迫"则很难让中小企业下决心走智能制造转型的道路。仅当企业被"逼迫"进行转型，后续的培训、试点示范、公共服务平台等才会起到促进作用。而这个"逼迫"的因素即中小企业智能制造转型的内生动力，其主要表现在以下五个方面。

3.1.1　生产效率变革"逼迫"

效率是中小企业赢得市场竞争力的关键。现在各行各业市场不断细分，企业之间越来越强调基于客户需求的竞争，生产产品多样化和个性化是必然的选择。多品种、小批量生产模式将成为中小企业的常态。这种模式易造成产品整合度低下，严重影响产品生产效率；同时也会涉及大量的生产切换作业，导致生产效率大打折扣，从而无法及时交付订单，使客户满意度下降，严重影响企业发展。

通过数字化平台，中小企业能够加快产业链中原材料、设备、生产线、人员、技术等生产资源的泛在连接、柔性配置和上下游协同共享，实现跨部门、跨企业、跨行业的资源优化配置，从而促进供需精准对接和市场高效生产，有助于降低企业运营成本。根据我国工业和信息化部近年来开展遴选的智能制造试点示范项目数据显示，相关制造企业在数字化、智能化转型后，其生产效率平均提升 37.6%，最高达到 3 倍以上；能源利用率平均提升 16.1%，最高达到 1.25 倍；运营成本平均降低 21.2%，产品研制周期平均缩短 30.8%，产品不良率平均降低 25.6%[1]。

另外，招工难成为企业的一大心患。在这种情况下，企业可通过对工位进行技术改造，采用机器人代替人工作业，解决招工难问题的同时还能在提高工作效率。"十三五"期间，在政策鼓励下，生产现场的自动化改造受到企业普遍欢迎，效果也十分明显。

3.1.2　产品质量变革"逼迫"

"质量是企业的生命。"企业之间的竞争将产品质量作为其竞争的基础，如果一个企业失去了这一基础，无论其他方面多么出色，也难以在激烈的市场竞争中立足。调研中发现，许多中小企业长期以来没有进行技术改造，设备陈旧、生产工艺落后、生产方法落后。由于企业生产控制不严格，产品质量稳定性差、使用寿命短、安全性低；且受资金短缺、人才匮乏、管理落后等自身条件和外部环境的限制，企业始终处于低水平，在短期内提高产品质量、开发新产品面临很多难题。

互联网、大数据、云计算、人工智能等新兴技术与生产制造相融合，

1　中国信息通信研究院.企业数字化转型蓝皮报告——新IT赋能实体经济低碳绿色转型[EB/OL]. (2022-01-29)[2023-12-01]. https://baijiahao.baidu.com/s?id=1719854956709699119&wfr=spider&for=pc.

可以通过数字化、智能化、标准化的生产方式，提高产品质量和服务质量，实现中小企业高质量发展。例如，智能制造水平较高的汽车、电子、仪器仪表、运输设备、医药等行业，纷纷对设备、工艺、流程等进行了数字化改造，通过智能生产线、数字化车间实现了精益制造，提升了中小企业的产品质量。展望未来，中小企业面对快速变革的技术创新浪潮，必须加快提升数字化发展能力，通过数字化智能化赋能，确保其不偏离高质量发展的航道。

3.1.3　企业动力变革"逼迫"

当企业规模相对恒定时，研发投入、自主品牌、投资并购、技术创新等指标的升级会促进企业发展动力的提升。当动力提升到某一临界点时，企业发展进入全新阶段。目前，部分中小企业在发展过程中无法组织和建立未来所需的资源和竞争力，实现企业质的飞跃。它们组织架构紊乱，不能配合实施企业战略，难以整合和提升资源；业务流程松散，业务部门职能重叠，缺乏信息共享机制，无法为企业创造附加价值；激励机制不足，缺乏科学的绩效管理体系和有效的激励机制，对员工和管理人员的潜能有待进一步挖掘等。

智能制造转型对企业的边界、内部组织、竞争优势等产生了深刻影响，传统企业通过深化融合智能化技术，调整其运营策略和商业模式，实现自身的创新变革，以保障自身在新时代下的市场竞争力。加快推进智能制造转型，不仅为中小企业转型变革注入新动能，而且有利于构建全链条、全流程智能化生态，增强产业链自主可控能力。

3.1.4　产业链现代化"逼迫"

产业链中的大中小企业的资源和能力具有多层次、多维度的互补性，通过大中小企业协同合作建立科学的协作机制，可有效提升企业的创新效率和生产能力。建设供应链协同平台的一个最关键的因素是智能化，实现数据的互联互通，要求平台上的供应商、代工厂、原材料商、第三方物流企业都进行符合平台要求的智能制造转型。供应链协同能够稳定组织生产，大幅度减少库存，及时应对市场的快速变化，能产生巨大的经济效益。例如，一些大型电子产品集团旗下有很多零部件加工厂、产品组装厂，集团公司从统一管理的要求出发，"逼迫"下属中小企业实现信息化管理和智能制造转型，以实现利益的最大化。

智能制造转型能够全面打通生产、分配、流通、消费各关键环节，构建柔性、灵活、稳定的产业链供应链。龙头企业为了实现供应链协同，必然严格要求供应商等企业智能制造转型。不少龙头企业更不惜为供应商提供资金和技术上的支援，解决供应商企业转型中的困难。而供应商只有实施转型后，才能得到订单，因此也有转型的内生动力，产生了"双赢"的局面。

3.1.5　经济高质量发展"逼迫"

随着"十四五"规划的开启，中国进入全面建设社会主义现代化国家的新发展阶段，未来应在坚持创新、协调、绿色、开放、共享的新发展理念下，在质量效益明显提升的基础上实现经济的高质量发展。

中小企业是社会发展的生力军，也是工业经济的微观基础。政府对中小企业各方面的高质量发展提出了对绿色环保、能效管理和单位土地产出的要求。这些要求使中小企业无法再按照原来的经营模式继续运作，使其必须对企业进行一系列技术改造，在转型中寻求新生。

中小企业具有业务聚焦、机制灵活、决策高效的优势，如果能及时转变观念，找准价值切口，则可以获取切实的经济效益。但是一个企业自身进行技术改造的成本比较高，因此可以把这些企业搬迁到工业园区，在园区内进行统一的智能制造转型。这种方式在浙江已经取得相当好的效果，而且已经对资金上如何做到企业和政府"双赢"提出了可行路径。

3.2 中小企业智能制造转型相关理论

在理论研究中，学界普遍认同从自身和从塑造发展环境两个视角考察中小企业的智能制造转型过程。在这两个视角下，本项目基于动态能力理论与利益相关者理论开展讨论，为中小企业的智能制造转型面临的问题寻找理论根源。

3.2.1 动态能力理论

动态能力理论（dynamic capabilities theory）考察企业如何通过整合、构建、重新配置内外部资源和能力生成一种新能力，使其适应快速变化的环境。该理论认为，相比于低动态能力的企业，高动态能力的企业具备更多的竞争优势。该理论的目的是阐述企业如何采用动态能力来创造和维持相对于其他企业的竞争优势。相比于只能解释企业行业选择是如何决定企业的发展绩效的资源基础观的产业竞争理论，动态能力理论进一步解释了相同行业中不同企业具有不同竞争绩效的问题。

动态能力理论强调市场的动态性是企业内在能力演化的外部驱动要素，并决定了企业动态能力的模式。在高速变革的市场中，快速创造出特定情境的新知识是动态能力的关键。需要重视的是，这种创造新知识的动态能力的核心根植于企业内部，是企业特定的管理与组织过程，企业特定的资产地位和发展路径决定了企业能力的形成，包括企业的做事方式、组织管理方式或组织实践模式、学习模式等。动态能力的演化及深层的路径依赖是建立在知识的基础上、由规则与模式或组织学习机制所引导的。

开展智能制造转型中的中小企业可分为两类：一类是有一定技术，但是下游价值链不明确的；另一类是新技术可能覆盖现有价值链，进而满足现有客户需求的。动态能力提出的"应当从支持生产性活动的组织结构和管理过程来理解企业能力"这一观点，为本项目分析中小企业智能制造转型的内在驱动因素与驱动机制提供了必要的理论指导。

3.2.2 利益相关者理论

利益相关者理论源于西方企业战略管理领域，其核心思想是：在识别相关主体的利益诉求基础上，寻求各方的利益平衡交点，构建利益均衡与共享机制，引导各方共同行动从而实现整体利益最大化。该理论认为，企业的发展离不开各类利益相关者的参与，企业追求的是所有利益相关者的整体利益，而不仅是某些特定群体的利益。利益相关者包括股东、债权人、员工、消费者、供应商等交易伙伴，以及政府、本地社区、媒体、环保团体等压力群体，甚至包括自然环境和人类后代等受到企业经营活动影响的对象。这些利益相关者与企业生存发展息息相关，有的分担了企业的经营风险，有的为企业运营做出贡献，有的监督和制约企业。因此，企业在做出经营决策时，必须考虑这些利益相关者的利益或接受其约束。

中小企业的问题并不是简单的产业发展问题，而是激发社会活力的重要一环。中小企业的智能制造转型不仅是为了提升企业的竞争力，而且是支撑中国制造业高质量发展的重要一步。因此，智能制造转型不仅反映了企业家本身的利益，同时也是社会全面数字化的重要一环——中小企业群体是增强产业竞争力的关键，具有特别的公共属性。因此，在考虑中小企业的整体智能制造转型、提升我国整体产业竞争力的要求下，我们需要从利益相关者的视角分析中小企业智能制造转型中不同利益相关者的行为准则。

3.3 推进中小企业企智能制造转型的思路

中小企业既是智能制造转型的主体，又是转型的重点和难点。中小企业具有"小而专"的优势，具有经营范围广、行业齐全、点多面广的特点；因此，中小企业专注于某一个环节开展智能制造转型即可取得较好的效果。但也正是中小企业的这些优势、特点，导致其在转型过程存在一些问题：企业间差异性大；基础薄弱，没有足够的管理、信息、数据基础；抗风险能力很低，一步错，全盘皆输；资金、人才、资源俱缺，无法承担繁重的成本；在供应链生态夹缝中生存，没有自己的话语权；难以进行长远的规划，只能走一步看一步。

无论从国家政策还是企业生存角度来看，解决中小企业在智能制造转型中的痛点和难点，已成为当前亟待破解的问题。对中小企业来说，智能制造转型是一项复杂的系统工程，需投入大量成本、资产和专业技术团队，难以单独完成。因此，答好"中小企业智能制造转型"的"答卷"还需要多方合力。

综合上述的企业动态能力理论和利益相关者理论对中小企业推进智能制造转型的分析，本书尝试构建一个如图 3-1 所示的推进中小企业智能制造转型研究框架。

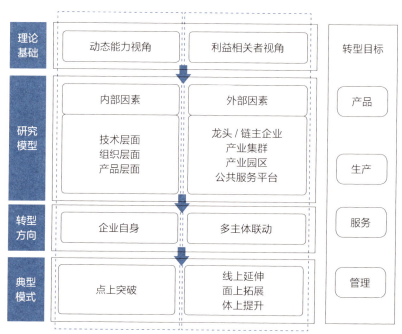

图 3-1　推进中小企业智能制造转型研究框架

3.3.1　企业自身

技术方面，企业基础的数字硬件和软件设施是智能制造转型的基石，包括计算机终端、服务器等硬件设施，以及OA、ERP、BI（business intelligence，商业智能）等软件系统。硬件实现数据化，软件连接数据以发挥其价值；人工智能和大数据则能整合企业其他资产（如人力资源），促进工作、资源的有效协调和配置，进而产生新的数字资产，提高企业灵活应对市场变化的能力。

组织方面，领导者负责引领智能制造转型，通过建立专门部门实施相关工作；领导者应负责制定智能制造转型的顶层设计和转型战略，赋予智能化职能部门执行权力，从而提高资产配置效率，增强企业竞争力。数字技术会催化企业内外资源的转化速度，最终将加速中小企业智能制造的进程。

产品方面，中小企业应结合外部支持和业务需求，增加对产品生产及其服务的创新。基于智能制造技术，提升产品生产能力并推动产品向多元化类型转变，不断提升产品价值和产品服务的附加值，增强企业的数字盈利能力。

此外，智能制造转型的关键还在于人才。企业需引入具有较完备的智能化知识背景的技术人员和管理人员，推动技术的创新应用和技术与业务的融合，制定符合自身定位和发展战略的智能化方案，为生产、营销、管理等环节的优化提供动力，以大幅提升运作效率，促成智能制造转型落地实施。

3.3.2　多主体联动

首先，培育龙头企业，利用产业链重组，引导优质资源向龙头企业集中，同时支持符合产业方向和高质量要求的中小企业延伸其产业链，促使中小企业集聚发展。

其次，随着数字经济的发展，平台企业或龙头企业可根据中小企业发展的特色及需求，为其智能制造转型提供专业化咨询指导，而中小企业集群可基于产业特点和业务优势，通过中介组织的信息交流数字体系，实现生产、销售、技术创新等关键环节的信息共享，促进集群内企业的合作，提高专业化分工与协作水平。

最重要的是，政府通过主导并提供加强智能制造转型的政策服务，打造中小企业智能制造转型进行智能化发展的顶层设计机制，对中小企业进行全局布控、系统规划。政府设置专有的职能机构，从整体上布局引导中小企业智能制造转型。从机制建设、基础夯实、体系搭建、产业扶持、生态构建等方面入手，科学规划智能制造转型，合理配置社会资产，统筹分配职能，支持中小企业的智能制造转型。

企业智能制造转型是一个长期的过程，将面临多方面的因素影响。因此，我们需要分析转型过程中的潜在因素和这些因素的影响机制。

3.4　基于动态能力的中小企业智能制造转型分析

3.4.1　动态能力视角下中小企业智能制造转型特征分析

技术推动和市场拉动两种力量同时推动企业发展。通常，大企业更加倾向于市场拉动策略，因为市场拉动策略是基于现有资源和战略的进一步增强；如果侧重于技术推动策略，则可能会破坏自身具备的市场和制造能力。比如，柯达尽管具有数码相机基础技术，但是对研发相应新产品的积极性不高，主要就是企业在市场拉动与技术推动之间平衡的结果。但对中小企业而言，由于其缺乏完整的组织结构，缺乏市场资源，因此更需要技术推动和市场拉动两种力量共同带动发展。综上所述，中小企业智能制造转型将是开拓新技术、识别新兴市场需求的理想主体。在动态能力视角下，中小企业智能制造转型主要有以下特征。

（1）开拓性

动态实力体现于企业的开拓能力，旨在与动态环境的变化相匹配。企业的能力和资产、环境的匹配存在一定时差，因而要求企业具备前瞻性，能预测行业、市场未来的变化，使内外部要素得以协调。这种能力还强调主动性，要求企业积极开拓新的实力和资源，以适应环境，确保长期竞争力。在中小企业智能制造转型过程中，由于智能产品（流水线、生产设计模式等）整合了数字技术和传统物理实体产品，新的智能产品的边界显得更加模糊。因此，中小企业智能制造转型需要更加重视开拓性，更加积极主动地定义智能产品边界，从而形成企业成长的正反馈机制。

（2）学习性

通过学习，企业可以更快速有效地配置资源。学习效应会直接影响企业的转型成本结构，从而影响企业转型决策。学习引发组织实力的演化和路径依赖，使资产结构建立方式受到低成本的驱动。在收益递增的情况下，路径依赖的影响会进一步扩大，使竞争对手难以克服其成本劣势。通过持续学习，市场领先者会不断增加对手的竞争成本，以保持自身的竞争优势。

智能制造转型为中小企业的成长变革带来了新的机遇。从动态能力视角看，企业在智能制造转型过程中应注重内部学习导向的培育。学习导向不仅可以促进企业员工积极参与智能化技能和管理知识的学习活动，加快数字技术和智能化管理实践在企业内的应用和传播，而且可以鼓励员工对现有的管理实践与企业智能化发展提出改进建议与措施，推动企业利用学到的智能技术和知识改造现有业务、开发新业务、拓展市场，促使智能制造转型的实践最终转化为企业绩效。因此，在转型过程中，企业必须重视对各层级员工进行智能化技能和知识的培训，明确企业智能制造转型的目标和员工个人学习的目的，营造积极开放的学习氛围，鼓励员工将学到的智能技能和知识应用到管理实践中，不断改进企业产品、服务和流程，从而提升企业绩效。

（3）时间性

资源配置和再配置的时间，包括重构资源和获取新资源的速度，对企业竞争优势的获取和维持具有重要意义。在复杂多变的环境下，企业应密切关注市场变化和竞争对手，抢在竞争对手之前迅速形成新的资源结构。不确定的市场环境为率先行动的企业带来优势，因为市场均衡会因外部因素变化而改变，竞争对手在追赶过程中可能面临新的市场均衡条件。只要领先者保持快速行动，其竞争优势便可能长久持续。

智能制造转型中，企业竞争已从"大鱼吃小鱼"转变为"快鱼吃慢鱼"。在高强度的竞争环境下，企业要通过敏捷、快速决策的组织模式获取竞争优势，信息将在组织的不同层级高效流动，而企业则需要通过集成指挥中心来增强组织对内外部需求感知和响应的能力。

（4）成本性

建立新的资源结构需要企业调整内部组织流程，但由于组织流程间复杂的联系和组织惯性带来的刚性特征，这种调整会产生较高的转型成本。如果转型成本超过预期收益，企业可能不会选择转型，导致其与领先者之间的绩效差距扩大。换句话说，领先者的优势在成本效应的作用下得到了加强。虽然成本因素本身不能直接带来竞争优势，但它能增强和维持其他因素（如时间因素）带来的已有优势地位。

3.4.2　动态能力视角下中小企业转型机制分析

中小企业的智能制造转型是在新的数字经济发展要求下，从根本上提升企业竞争力。因此，企业在动态能力分析转型特征的基础上，还需要将企业能力、资源要素联系起来，形成一系列的联动机制，从而确保企业在智能制造转型中获取持续的竞争优势。本项目将在智能制造转型的前提下，对动态能力下企业的典型发展机制进行梳理与分析。

（1）动力机制

在动态环境中，企业必须持续配置、整合内部和外部资源，以适应市场环境变化，确保良性发展。然而，实践表明，中国一些优秀企业过度依赖特定企业家的创新精神和能力，缺乏有效的机制保障。一旦企业家退位，企业的经营稳定性、持续性会出现较大波动，其发展甚至可能难以维持。因此，建立和完善企业持续发展的动力机制是推动企业成功转型的重要前提。

例如，在智能化要求下，企业并不只是在交易成本、组织成本、沟通成本之间进行权衡，而是希望同时降低各类成本，比如利用智能化构建共享平台，同时降低组织成本和交易成本，从而更有力地促进中小企业向智能化的转型发展。正如部分学者从激励要素（激励机制）、创新要素（创新组织与外部环境之间的互动关系总和）、权力要素（企业内部组织以及和外部政府、供应商之间的互动情况）、外界变化（市场竞争等）等不同角度对企业动态能力的动力机制进行分析，提出各个要素之间相辅相成，形成了一个有机整体，是企业成功向智能制造转型的重要基础。

（2）学习机制

在当前的环境下，企业难以仅凭技能和市场壁垒保持长期竞争优势，知识与能力在企业运营中的作用日益突出。作为获取、运用和更新知识的关键工具，组织学习越来越受企业重视。动态能力理论指出，企业处于不断变化的竞争环境中，需要通过长期的组织学习过程来保持竞争优势的独特性。学习不仅涉及显性知识的传递，更关键的是通过学习传递内隐知识。由于路径依赖性，包含企业能力的组织流程是通过长期试验和学习积累而成的，因此，组织学习是企业保持和发展竞争优势的基础。

在智能制造转型的要求下，学习机制的重要性愈加凸显，因为智能制造转型的过程是一个持续迭代的过程，整个智能制造转型的开发过程是一个动态、可自我参照、可延伸、可持续改进的过程。在这个过程中，企业需要充分利用数据挖掘、数据发现、叙述分析等方式，让企业依靠数字化基础实现持续的迭代，并通过持续更新对情境的认知和对自身知识的不断探索，更好地帮助企业转向智能制造的深度发展。

（3）匹配机制

动态性是企业获取长期竞争优势的必要条件，但不是充分条件。竞争优势的获得最终取决于企业内部条件（如资源和能力）与外部环境的动态匹配。动态匹配机制的建立成为企业动态机制中不可或缺的一部分，它决定了企业竞争力的发展。同时，通过正确的预测、快速抓住市场机会并调整自身资源和能力，动态匹配机制得以实现。动态环境下，速度成为关键因素。为满足速度的要求，企业需具备快速反应能力，组织的扁平化和网络化成为趋势，价值链的重组和业务流程的再造也逐渐流行，提升员工和组织的学习能力及快速反应能力已成为现代企业管理的重要职责。

3.4.3 动态能力视角下中小企业智能制造转型的新趋势

（1）"专精特新""小巨人"是中小企业智能制造转型的先遣军

中小企业承担着大部分日用消费品生产的职责，是人民物质生活供给的主要保障者；同时，中小企业又是各类工业产品的关键基础材料、核心基础零部件的主要供给者。根据智能制造能力成熟度自诊断情况，中小企业更专注于细分市场。专业化生产、服务和协作配套能力是企业发展的核心，聚焦产品质量和生产效率的稳步提升。因此，培育"专精特新""小巨人"企业和"单项冠军"企业是我国中小企业提高核心竞争力的重要发展方向。

"专精特新"是指具备专业化、精细化、特色化、新颖化优势的中小企业。这批企业长期深耕细分市场、创新实力强、市场占有率高，且掌握核心技术，处于产业链供应链的关键环节，对补链强链、解决"卡脖子"难题等具有重要支撑作用。

"专精特新"政策定位不断上升，当前已提升至国家层面。"专精特新"

政策起始于 2011 年 9 月 23 日工业和信息化部发布的《"十二五"中小企业成长规划》，其作为促进中小企业发展的四大基本原则被提出。此后，"专精特新"相关政策不断出台，国家对"专精特新"中小企业的支持开始加强，并着手对"专精特新""小巨人"企业进行培育，旨在促进中小企业实现高质量发展。工业和信息化部数据显示，截至 2024 年 6 月，我国已累计培育"专精特新"中小企业超 14 万家，其中"专精特新""小巨人"企业约 1.2 万家。目前上市"小巨人"企业达 1016 家，在计算机、通信和电子设备制造业，专用和通用设备制造业等行业密集度较高、符合当下制造业深层性结构调整、产业转型升级发展需求的高端制造领域，占比超过 90%[1]。在"小巨人"企业分布前十的行业中，有 9 个行业属于制造业领域，其中计算机、通信和其他电子设备制造业、专用和通用设备制造业等行业是"小巨人"企业密集度最高的行业。

进一步分析发现，生产"专精特新"产品的中小企业，在研发设计、生产制造、市场营销、内部管理等方面不断创新并取得比较显著的效益，具有一定的示范推广价值。这些"专精特新""小巨人""单项冠军"等优质中小企业利用较强的技术、人才和资金优势，改善生产工艺，实现基础产品和技术的率先突破，解决产业链中的重要"卡脖子""短板"环节。两化融合公共服务平台数据显示，中小企业和微型企业达到集成提升和创新突破阶段的比例分别超过 17.9% 和 31.6%，隐形冠军企业中达到集成提升和创新突破阶段的占比为小微企业平均水平的 3 倍，在信息化投入、关键环节信息化水平、互联网应用方面优势显著。这些以"专精特新"为代表的中小企业将成为智能制造转型先行者。

（2）新型高科技创新中小企业是智能制造转型的生力军

相比于大型企业，中小企业市场敏感度高、机制灵活、效率高，自主创新的动力更强，更有可能实现"从 0 到 1"的创新。据《2023 年专精特

1　沙利文. 2024 年中国专精特新企业发展系列白皮书[EB/OL]. (2024-08-30)[2024-09-01].https://www.sohu.com/a/804913450_121649707.

新"小巨人"企业科创力报告》统计，1.2 万家专精特新"小巨人"企业，平均拥有约 115 件专利申请量，发明专利占比近一半，累计得到 200 余次专利引用，并有 1~2 件走向海外的 PCT 专利。从发明专利密度看，"小巨人"企业每千名员工掌握 78.9 件有效发明专利，分别是科创板和北交所上市企业的 1.1 倍和 3 倍；从技术出海的维度看，"小巨人"企业 PCT 专利两年增长率达 22.6%，加速出海趋势显著[1]。

同时，互联网、云计算、大数据、人工智能、5G 等新一代信息技术的突破和先进制造技术的发展，促进了我国制造业中小企业结构的变化。一方面，随着改革开放的深入，一大批高校教师、科研院所的研发人员、大型工业企业的工程技术人员，以及一些有创业志向的人士，依法依规"下海"创业，新办了一批科技型的制造业中小企业。另一方面，一些原本从事传统简单加工的中小企业，通过数十年积累和经济全球化的洗礼，开阔了眼界，引进了国内外技术人才开启研发工作，成功实现了由传统制造企业向科技型制造业企业、国家高新技术企业的转型。

中国上市公司协会发布的统计报告显示，截至 2023 年 12 月 31 日，创业板和科创板上市公司主要分布在制造业，信息传输、软件和信息技术服务业，两个行业的公司数量分别占各板块比重 94.88% 与 84.55%；科创板新一代信息技术、生物产业、高端装备制造行业公司合计占比超过 76%；北交所战略新兴行业中高技术制造业的上市公司数量占比为 23.61%，总市值达 17.39 万亿元；研发人员数量 321.08 万人，占所有员工总数的 10.50%。

3.5 基于利益相关者理论的中小企业智能制造转型分析

3.5.1 复杂利益相关者网络是中小企业智能制造转型的依托

企业的智能制造转型并不是孤立的活动，而是企业与其同行企业、数

---

[1] 智慧芽. 2023 年专精特新"小巨人"企业科创力报告[EB/OL].(2023-08-23)[2023-12-01]. https://www.zhihuiya.com/observer/detail/35840.html.

字平台企业、政府部门等主体不断交互以获取数字技术、知识、资金等相关资源的过程，是深度嵌入其发展环境的。

第一，企业的管理活动嵌在其广泛的外部社会网络中。通过与供应商、客户、大型互联网平台等网络成员建立信任关系，增强关系嵌入性，不仅可以深化企业与外部组织的合作，提升信息技术和知识的传播速度，而且能够促进企业与合作伙伴的相互了解，降低交易成本，推动智能制造转型向经营成效转化。

第二，由于智能制造转型是大势所趋，所以政府有关部门也在极力推动转型，而越多企业做好智能制造转型，其全员劳动生产率就越高，所能创造的经济和社会效益也越高，因此政府的科技创新部门、工业和信息化部门、发展和改革部门等是企业智能制造转型的利益相关者。

第三，在资本市场，利益相关者是企业的股东和投融资机构等公司资本的主要供应者。某些企业的智能制造转型解决方案是由为其提供设备、软件等的系统集成商和与企业进行产学研合作的大学、科研机构等共同提供的，由此，它们也是重要的利益相关者。

在利益相关者的视角下，中小企业是嵌在一个多主体的网络中的。有一些主体是源自以往的，另外一些主体则是在智能化时代新兴涌现出来的。政府需要引导中小企业与不同主体的良性互动，从而推动利益相关者和创新生态的持续发展。只有抓住重点角色，推动中小企业与龙头企业、中小企业之间，以及中小企业与平台企业之间的互动，才能更加认识和了解中小企业的智能制造转型问题。

从利益相关者的角度看，企业要积极构建与外部网络主体的紧密合作关系，提高外部网络关系质量，为智能制造转型创造良好的外部环境。例如，企业可通过创建开放式创新社区和开发基于数字体系的新业务模式，与领先的用户、供应商等建立长时效、高频度的互动合作，以获取最新的市场需求信息和先进数字技术，加速产品和服务的智能化创新；同时，企业应当积极参与"企业上云""智能制造"行动，加强与政府、用户、供应商之间的合作、交流，及时获取政策信息、技改补贴、客户需求等创新资源和关键信息。此外，通过加入工业互联网体系和产业创新平台，并与行业龙头企业、大型企业深化合作，企业可获取先进的智能制造技术和知识，降低转型过程中的不确定性和交易成本，实现其智能制造转型。

3.5.2 利益相关者对中小企业智能制造转型的影响

（1）中小企业与龙头企业的互动

区域龙头企业带动中小企业往往通过知识溢出的方式实现，这种知识溢出可以表现为中小企业从龙头企业引进核心员工、不同企业员工之间的非正式交往，以及中小企业引进智能化技术等方式。其中，从龙头企业引入核心员工被证明是有效提高中小企业竞争力的重要方式。中小企业会以协作的方式嵌入大企业的供应链，从而获得订单和相应的持续成长。需要注意的是，中小企业与龙头企业的互动是企业成长的重要模式，而中小企业本身的知识吸收能力在中小企业与龙头企业的互动中发挥了重要作用。龙头企业需要促进企业之间的交流，帮助中小企业持续增长。

（2）中小企业在园区和产业集群中的互动

园区和产业集群为中小企业提供了设备、资金等硬件支持和理念、文化、网络等软性支撑，成为中小企业的重要组织载体。

园区可以通过设立企业孵化器等方式，增强对其内中小企业的扶持能力。园区的服务和管理精力有限，因此往往集中精力吸引具有一定规模和管理水平的知名公司，乃至大型跨国企业，而在管理过程中难以兼顾中小企业发展中的多样需求。综上所述，政府应采用孵化器的方式，为园区内中小企业提供保障平台，推动中小企业跨越"死亡之谷"。

在新型产业或者智能制造转型这种新技术支撑的情境下，产业的发展需要集成复杂的知识和对研究开发的大量投资。这类园区和产业集群尤其需要以技术为基础的企业、技术的潜在用户、组件设备的服务供应商、研究机构和高等院校之间的频繁互动，以及不同主体之间资源和能力的互补。

因此，从园区和产业集群的视角审视中小企业的智能制造转型，将为推动中小企业发展提供更多维度的助力。

（3）中小企业与公共平台的互动

智能制造转型具有平台化特征。企业组织形态因为智能化的日益成熟而从科层制转向平台化发展，企业人力资源管理由企业无边界的劳动关系管理转变为无边界的生态化关系管理。通过连接不同的商业活动参与方，平台驱动多方互动和交易，促成企业规模快速扩张。产品间互补性、网络正效应等技术经济属性决定了开放式创新成为信息技术产业商业模式创新的重要特征。

中小企业智能制造转型也是适应平台商业模式的过程。随着平台的建设，企业能够利用移动端、传感器、物联网设备等方式获取更多高价值的用户信息，从而需要更加精准地围绕用户需求布局供应链和产业发展。一方面，对内企业从流程驱动转变为数据智能驱动，整个供应链业务都实现了智能化，同时对于易变性信息、复杂性信息、不可预测性信息、主观性/经验性信息也进行了逐步智能化。相关转型都在平台上建设与运营，这意味着算法和模型可以进行日常决策，组织的集权进一步加强。另一方面，智能制造转型进一步促进了企业在前端设置更加分权的结构，而在核心能力部分的集权性更高。

目前，中小企业智能制造转型在组织形态上逐渐向"后台+中台+前端+生态"的平台组织形态转变。后台和中台逐渐成为中小企业可以深度掌控的部分；前端是企业构建的与个体消费者进行信息交换的端口；平台生态系统是由平台及其参与者构成的相互依存的价值生态网络，在该网络中，市场主体之间、市场主体与平台管理者之间进行密切的协作以获得更多创新与更大竞争优势。

3.5.3 基于利益相关者理论的中小企业智能制造转型新趋势

（1）推动企业向中高端迈进，重构产业链生态

数字化转型已成为推动我国经济高质量发展的重要引擎。随着我国转入高质量发展阶段，信息技术创新被赋予了更重要的产业引领作用，需要在信息技术的支撑下，通过数字化转型推动经济发展的效率变革、动力变革，助力政府探寻适合我国产业可持续发展的路径，打造优势产业链。

传统制造的中小企业正在积极寻找新机遇。我国产业总体上还处于价值链底端，转型升级既有压力又有潜力，以云计算、人工智能、工业互联网等为核心的智能化改造通过信息技术的应用，我国产业可提升产品和服务全生命周期的质量监控水平，优化交付渠道，助力其在全球产业价值链中占据更高位置，使企业获得更高利润。

从实践来看，越来越多的龙头企业和重点行业骨干企业对工业互联网加大了投入，不仅促进自身的智能化进程，而且通过共享智能化实践经验，助力中小企业的发展，形成对上下游相关主体的支持网络。

截至 2020 年 6 月，已有超过 70 个具有行业和区域影响力的工业互联网体系，连接的工业设备超过 4000 万台，工业 APP 数量突破 25 万个，服务的工业企业接近 40 万家[1]。目前，工业互联网已广泛用于航空航天、石化、钢铁、家电、服装等行业，形成了大中小企业协作共进的产业链融合生态。为完善这种融合生态，需鼓励龙头企业向中小企业开放市场、先进技术、人才资源，提升全产业链的融通发展能力。

（2）场景再造，重新定义智能制造转型

拥抱智能化变革，"场景"和"需求"是驱动力。智能化技术已被应用于各类工业场景。在智能化时代，企业的核心竞争力正来源于数据的应用和数字技术在场景中的应用。以"为企业创造价值"为主题，不断探索和

1　国家互联网信息办公室. 数字中国发展报告（2020 年）[EB/OL]. (2021-07-05)[2023-12-01]. https://xxhb. fjnu.edu.cn/78/69/c9337a292969/page.htm.

发掘新的用户场景，采纳先进的智能化技术，整合新的组织生态，已成为企业发展不可或缺的策略。智能化贯穿企业的研发、管理、生产、营销、服务等全价值链环节，在企业引入新模式、新业态、新技术来推进转型的过程中，会产生无数个应用场景。

相比"铁公基"，新基建更加注重运用以大数据为核心的高科技来完成行业智能制造转型。中小企业积累了海量的数据资产后，需要考虑如何发挥数据的要素价值。数字工程服务商需注重运用大数据、人工智能、云计算等技术来规划企业数据运营方式，以构建服务于中小企业的工业互联网等应用平台，完成从业务模式、组织架构、管理体系的转型升级。中小企业的需求在于将智能化技术与业务相结合，以重构业务场景，打破数据孤岛和业务壁垒。智能制造转型强调业务转型，推进数据业务化、业务数据化尤为重要，企业将数据应用和最新的智能化技术和业务场景相结合，在实际应用中可带来长期价值。

制造业从以生产为中心转向以消费者为中心的价值创造。智能化不仅是优化企业生产的关键技术支撑，而且是连接市场、满足消费者需求的重要方式。①通过互联网平台和大数据技术帮助企业更好地理解消费者需求，以"产品+服务"的模式提供面向用户的更全面的解决方案。②基于智能制造推动制造业变革，以柔性化生产更好地满足用户的个性化需求。③基于智能产品构建全生命周期的服务体系，通过分析产品使用数据，提升企业服务的附加值。④基于互联网社区、众创平台，鼓励消费者直接参与产品设计。

3.6　行业平台应用

3.6.1　行业平台应用框架结构

实践证明，平台化部署适合细分行业的中小企业数智化改造。"平台+

数智工厂"构成一个整体，平台赋能于中小企业，为中小企业提供数智化改造服务和后续SaaS软件升级、日常运行和运维服务；中小企业专注于数字化、智能化的制造，并向平台不断提出新的需求、新的场景，两者结合可不断提高智能制造水平。

数智工厂和行业平台建设宜采用"三步走"的路径。智能制造发展是一个不断迭代升级的过程。中小企业数智化改造要以初级数智工厂和行业性智能化改造平台建设为起点，先解决工厂核心的生产制造领域的问题，打造数字工厂（透明工厂）和智能化改造平台；再解决销售、供应链等外部链接问题和管理的控制优化问题，打造"智能辅助工厂"和数智化供应链平台；最后解决研发设计、智能控制等问题，打造"智能工厂"和产业协同平台。

高质量企业样本+学样仿样并复制推广，是细分行业整体数智化改造的有效方法。中小企业善于学样仿样，关键在于有可学可仿的高质量企业样本。首先，要对细分行业按规模大小、行业特点等分成若干类，再按类打造若干企业样本，让同类的中小企业直接学样仿样。其次，打造企业样本质量要高，能切实解决中小企业的关键问题、迫切问题，判断样本质量的主要标准是其他中小企业是否愿意学、愿意仿。

提炼细分行业"$N+X$"智能化场景是打造高质量企业样本的基础。细分行业的颗粒度选择十分重要，必须是具有较多共性的问题及共性智能化场景N。如，服装行业有针织与缝制之分，两者设备、工艺不同，有较大的差异。同行业内不同企业的设备、工艺路线有差异，将导致企业有个性的智能化场景X。要准确归纳细分行业的共性场景N，区分企业个性场景X，把场景N的智能化做深做透，并要切实解决企业的个性问题X，才能打造出高质量的企业样本。

3.6.2 "行业平台+数智工厂"的飞轮模型

本项目根据"行业平台+数智工厂"这一路径与方法，构建了"飞轮"

模型，用以阐述其内在机制（如图 3-2 所示）。其内在逻辑是：细分行业的样本企业打造得好，则企业体验好，易在行业中复制推广；推广的中小企业越多，平台的生态企业越多，行业共性场景及 SaaS 软件的共性场景 N 越多越成熟，越有利于平台提升服务能力，实现高质量、低成本、快交付的数智化改造。服务能力的提升更利于打造细分行业的高质量企业样本，从而形成正向循环的能力，加速实现细分行业的数智化改造。就像"飞轮"一样，启动需要较大的力量，而启动后用很小的推力就能实现加速。

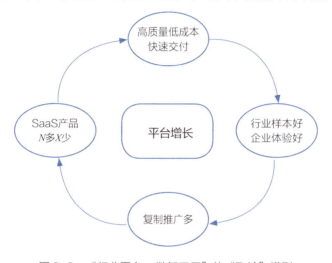

图 3-2 "行业平台 + 数智工厂"的"飞轮"模型

第4章

中小企业智能制造转型
典型模式

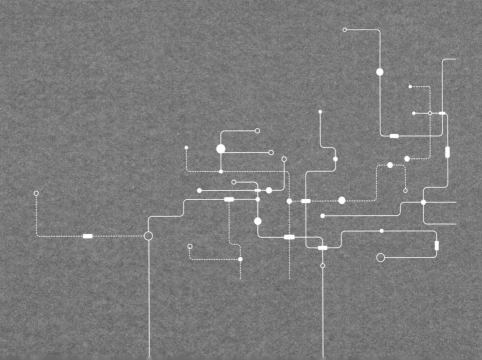

《2021 年中小企业数字化指数报告》指出，中小企业智能制造转型发展总体上呈现"组织智能化"优于"业务智能化"和"产业链智能化"的特点。相同行业或地区的不同企业，其智能制造转型路径存在较大差异，一定程度反映出中小企业当前的智能制造发展缺乏明确的智能制造转型路径。根据企业规模和行业特征选择合适的转型模式，将有助于提升中小企业的智能制造转型效果。由于智能制造转型更偏向定制化的服务，因此我们在通过大量的调研，提取出共性后，按照"点、线、面、体"的逻辑，归结出以下四种模式。

4.1　"深挖内需、点上有突破"模式

中小企业的发展既要争取到资金，又要争取到客户和市场。企业要改善其市场状况，必须提升产品、服务、营销等方面的实力。智能化是其摆脱困境的关键。智能制造转型可帮助中小企业降低成本、提升效率、改进管理、增强研发能力。综上所述，进行智能化赋能之后，中小企业能获得良好的感知、连接、交互能力，形成较强的经济体独立性和区域经济协同性。

通过智能化转型，中小企业可获得以往只有大企业才具备的市场能力，有时甚至因其"小、快、灵"的特点在技术拓展、组织活力、要素流动、资源优化方面超越大企业，尤其是"专精特新"企业。"专精特新"企业具有强烈的创新

需求，在前沿和技术核心领域应充分发挥创新引领作用。

4.1.1　"专精特新"企业智能制造转型特点

"专精特新"企业一般为规模以上、处于持续发展阶段的企业，在各自行业内有相应的或者较高的地位和市场占有率。这类企业普遍具有以下特点。

（1）具备一定的管理体系与信息化基础

企业内部组织与业务变化较快，信息化意识强，对管理信息化、业务数据化有着较高的诉求。现阶段这类企业内部已经具备了一定的管理体系，有一定的信息化基础（基本已经上线了 ERP、MES、PLM 等系统），并且内部具备专门的信息化管理组织，甚至有的企业已经有了初步的信息化系统支持服务能力和开发能力。

企业在实际经营过程中，发现客户普遍对于业务协同、组织绩效，以及日常经营各个业务环节的过程管理、个性化业务管控有着需求，希望能够通过智能化工具进行相应的流程固化，实现业务可追溯、数据可共享分析，并能满足移动化应用、操作简单灵活、非结构化数据实时反馈等易用性、场景性的需要。

（2）"内外兼修"的管理要求不断升级

"专精特新"企业是国家和地方各级单位重点发展的龙头企业，需要站在更高视野、更高维度进行发展提升。对内，这些企业致力于"精细高效"的管理制度和流程的不断优化、升级，对企业经营业务的精细化、规范化、数据化的管理要求越来越高，对组织效率、业务执行过程监管也越来越重视；对外，这些企业在更多地考虑自身如何结合产业链的整合与定位，提升自身的核心竞争力。

4.1.2 宁波长阳——"配方工艺创新+智能化改造"

（1）公司基本情况

宁波长阳科技股份有限公司（以下简称长阳科技）成立于2010年，总部位于浙江宁波，占地232亩，投资近20亿元，公司已于2019年11月6日在科创板上市。长阳科技是一家拥有原创技术、核心专利、核心产品研发制造能力的全球领先的高分子功能膜高新技术企业，致力于成为"中国领先、国际一流的功能膜公司"。公司主要从事生产光学反射膜、光学基膜、发光二极管照明用膜、半导体离型膜、功能白膜等特种功能膜，产品广泛应用于液晶显示、半导体照明、新能源、半导体柔性电路板等领域，与国内外知名面板大厂有长期战略合作。旗下反射膜荣获国家制造业单项冠军，出货面积连续4年稳居全球第一。长阳科技参与起草国家、行业标准制定6项，开发新产品60余项，承担国家级、省市级重大科研项目5项。2017年末，公司反射膜出货面积居全球第一，成为反射膜领域细分行业龙头企业。2018年荣获"国家制造业单项冠军产品"荣誉称号。2019年入选为韩国三星电子视频显示部门全球13家核心合作伙伴之一，成为了韩国三星电子光学膜片全球供应商。

（2）配方与工艺创新

在用于液晶显示的众多光学薄膜中，反射膜因其对配方、工艺及设备的综合要求高而被液晶行业公认为技术壁垒最高的光学膜，其制备关键技术的难点在于：反射膜的多层结构设计复杂，光学反射路径（匀光性）难以精确控制；泡孔均匀分散困难，在高温热定型过程中极易坍塌，多层结构难以保证。

以长阳科技的技术发展历程为例，它的成功转型犹如"破茧成蝶"。在所有人日以继夜的开发、调试、试验、分析、再开发的上千次循环中，长阳科技花了三个月时间终于把"第一张反射膜"调试出来了。

长阳科技不断挖掘自身的技术潜力，其在薄膜领域的探索绘就了一幅新的科技蓝图。目前，公司的反射膜产品已迭代至第36代，其厚度仅为188微米，且内部结构复杂精密，反射效果与色彩稳定性均表现卓越，赢得了客户的高度认可。部分产品甚至进行了表面结构的精细处理，通过优化配方与工艺参数，使其性能进一步提升。

在微纳米级反射膜技术方面，长阳科技利用独特的泡孔结构，实现了重要突破。其核心产品的反射率从94%跃升至97%以上，泡孔率也从35%提升至60%以上，远超国际同类产品。依靠技术积累与研发团队的坚持，长阳科技在薄膜发泡与纳米技术上屡次实现新突破，极大增强了产品的市场竞争力。

在持续创新的驱动下，长阳科技的反射膜技术与产品不断向更广阔的应用领域延伸。同时，长阳科技建立了完善的知识产权体系。截至2020年底，公司已申请243项专利，其中107项已获授权，包括3项国际专利。这一专利储备为公司的持续创新奠定了坚实基础。

展望未来，长阳科技将继续深耕技术创新，不断提升研发实力，以满足国内外市场对新型薄膜材料的需求。公司将加大研发投入，持续推动技术升级与产品革新，拓展更多应用领域，致力于成为全球薄膜行业的领军者，引领行业迈向新高峰。

（3）生产线智能化改造

为提升产品加工质量和效益，长阳科技于2020年启动智能工厂建设，耗资千万元实现新旧厂房数据的互联互通。以新上的4号线为例，其通过结构化的综合布线系统和工业互联网技术，对现有八大智能单元（投料、干燥、挤出熔融和过滤、铸片成型、纵向拉伸、横向拉伸、牵引和收卷、分切）的加工设备、生产工艺过程和管理等进行全方位集成，实现全流程自动化，一条投资近1亿元的生产线只需要3名工人即可实现全过程管控，生产效率提高16%，运营成本降低17%，产品不良率降低28%，成效显著。

（4）长阳模式的启示

对于长阳科技来说，"十年十膜"与"十年专注膜"是相互交织的进化路径：不仅相承相依，而且是技术积累与创新精神深度融合的体现。长阳科技认为，企业应当围绕"专注、深度、速度、分享"，扎实地将擅长的行业之路先走稳、再走宽，最后要走远。

①专注。全力聚焦一个产品，将其做到行业顶尖，再不断扩展，逐步打造出十个冠军级产品，做到十个世界第一。长阳科技不仅在技术上开辟新高地，而且牢牢占据行业的制高点。这种对专注的执着，是长阳科技成为真正具备核心竞争力和高壁垒的科技型企业的秘诀。

②深度。要有技术的深度，如长阳科技需要从做膜的角度深化到从高分子物理和化学的角度，彻底理解从原材料到膜产品底层的物理规律。成为有实力实现从底层的物理规律到实现产品性能，最终引导客户端的场景应用。

③速度。市场需要良性竞争，内部运营需要流程，在未来更多产品成为世界第一的过程中，企业要重复甚至超越当年做出第一款单项冠军产品的速度，以时不我待的精神快速实现产品"从 0 到 1"和"从 1 到 N"。

④分享。企业要通过企业合作伙伴、企业基金的建立，实现团队、股东、客户和合作伙伴的利益共享，从内部赋权，释放组织活力，让员工的利益和企业长远利益紧密地结合在一起。

综上所述，长阳科技作为冠军企业在持续创新方面积累较大优势，企业始终围绕"配方创新、工艺创新、管理创新、技术创新"，从根本上凸显出"工业强基+智能制造"领域冠军企业的创新优势，使企业自身获得长足发展。当前，我们正处于百年未有之大变局，解决"卡脖子"的核心原材料、核心元器件、关键设备和关键技术等已经成为我国经济发展和国家战略安全的核心问题。"配方工艺创新+智能化改造"的长阳模式为产业基础领域的制造业转型升级提供了宝贵经验和借鉴。

4.1.3 智能化车间助力临沂高新区鸿图电子有限公司产业化升级

（1）公司基本情况

临沂高新区鸿图电子有限公司（以下简称鸿图电子），系国家级高新技术企业、山东企业技术中心、山东一企一技术研发中心。公司聚焦全球汽车制动电子智能传感器的研发生产销售，通过了ISO9001、IATF16949质量体系认证，产品符合欧盟汽车标准法规体系的相关要求。其中，刹车报警传感器达到了国内同行业出口量、产量居全国第一位的水平，获得了国家"专精特新""小巨人"企业、山东省瞪羚企业认定。

（2）智能制造转型升级

1）自动化升级方面

鸿图电子通过引入高端人才，采用SISy建模技术和先进设计理念，完成了国内中国一汽、重汽、东风等六大主机厂20余种型号的商用车制动磨损传感器的模具研发和工艺设计，并完成了传感器及线束的研发定型，积累了成果转化基础。另外，鸿图电子还研发了10余台非标自动化生产设备，研究开发了自动化柔性生产线装配线3条，新增设备12台套，进口设备3套，具备了产业化升级的硬件基础。

2）智能制造转型方面

2020年开始，鸿图电子在德国采埃孚集团的指导下，开展了智能化生产现场MES的系统实现，完成了智能化工厂第一阶段的改造，实现了图纸及工艺文件智能化、加工订单智能化进度可追溯、全员生产维护智能化—设备工装，量检具、模具管理智能化、条码化，生产进度跟踪智能化，变更管理智能化流程化等相关工作。

2021年底，鸿图电子基本实现了质量检验及质量指标统计智能化、流程化，换产指令智能化、移动化，改善追踪智能化、流程化，供方管理智能化，客户关系管理智能化等。

3）网络化转型方面

2020 年，鸿图电子的主要设备登录了山东省腾云工业互联网云系统，通过安装设备采集智能网关，对主要设备的电子档案、故障、维护、信息管理等多方位进行监控，实现了对设备维护保养、设备状态分析、设备利用率分析等数据的收集。

（3）转型成效

通过几年的不断投入和改造升级，鸿图电子主营产品制动磨损传感器产能从年产 80 万支增长到年产 500 万支，实现了快速成长阶段的发展跨越，在同行业跃居全国前 3 位。

2020 年相比于 2019 年鸿图电子产值增长 45%，生产效率提高 15%，生产成本降低约 8.6%，用工人数从 216 人调整至 163 人，减少 24.5%，产品合格率提高至 99.98%，不良品率从 0.6‰下降到 0.2‰，关键生产工序数据自动采集率从 10%提升到 45%，自动控制投用率达到 100%。

4.2 "链主带动、线上有延伸"模式

在激烈的市场竞争中，一家企业的力量难以独当一面，只有全产业链的协同发展才能形成竞争优势。制造业的智能化转型已成为进入市场竞争的"入场券"。龙头企业率先"购票"入场，迎接潮流，乘势而上，而不少中小企业依然在门外徘徊观望，举棋不定，认为"购票"如同一场"豪赌"。这些企业亟待"引导员"指示，告知入场后的风景、注意事项，以及如何获得入场机会。

大多数中小企业缺乏自主开发和部署智能化平台的能力与资源，往往需要依赖第三方进行智能制造转型。而龙头或链主企业凭借其资源与市场优势，牢牢占据核心地位，具备独立研发、运作的能力和优势智能制造转型的速度较快，这使其智能制造转型迅速，即使转型失败或转型效果不理想也并不影响企业经营状况，抗风险能力较强。同时，中小企业自身积累

的数据量有限，并不能像大型企业那样有自身内部数据的优势，因此，中小企业需要通过公共平台和第三方进行数据的存储、计算、分析，从而为企业决策提供强有力的支持。

4.2.1　"链主"企业是拉动中小企业智能制造转型的特点

"授人以鱼，不如授人以渔。"最快见到效果的方式，是让行业龙头企业在深入产业链供应链的过程中，为中小企业智能制造转型提供有针对性的解决方案。龙头或链主企业通过建设数字技术实现产业的数据资源互通，促进产业内部协同，发挥灯塔效应，从整体上推动整个行业的智能制造转型。链主企业拉动中小企业智能制造转型主要有以下特点。

（1）数据资产核心化

随着社会变革和经济发展模式的转变，产业核心生产要素经历了从土地和劳动要素到资本和技术要素再到如今的数据要素的转变。数据作为数字经济时代的核心生产要素，在产业发展中发挥着重要作用。数据作为信息的载体，是企业进行战略制定、生产过程优化、业务流程简化、商业模式创新的重要依据。智能化的知识和信息在企业生产决策和生产过程中有着重要作用。一方面，可通过打通企业内部的层级，实现数据在不同层级的流通，企业的生产情况能够实时传达到决策层，管理层可据此实现战略的科学决策，提高企业内部资源配置效率。另一方面，生产端和消费端的数据通过数字技术传达到产业链上下游各个企业，使得各企业能实时掌握市场动态，实现动态市场追踪，促使企业研发新产品。

例如，广东揭阳揭东日用塑料制品产业集群通过行业工业互联网平台将品牌商、中央工厂、云加盟工厂、原材料商等精准连接起来，实现"量、产、销"平台一体化，培育传统产业集群的新型链主。

（2）数字平台生态化

数字经济的发展促使平台经济这一新业态的出现，数字平台的建设应用已成为促进数据价值转化，实现产业链间的技术、知识、产品、数据高效流通，提高产业内高效协作的重要媒介，推动了产业的智能制造转型。数据的有效利用是智能制造转型的关键。中小企业在保持生产决策自主性的同时，需要与关联企业共同融入数字网络体系，促使供应链和产业链紧密结合。然而，许多中小企业的管理者对智能化技术缺乏理解，受限于过往经验和成功的惯性，不容易认同数据化转型的价值，因而不主动进行智能制造转型的准备。

例如，佛山顺德小家电产业集群通过美的、格兰仕等家电核心企业智能化整合全产业链，帮助200多家供应商实现了智能制造转型，产业链供应商交货周期缩短1/3，人均产值提升1/3，服务人员减少1/3。同时，通过产业集群和产业链核心企业技术带动和技术共享，标杆企业的知识体系和智能化能力下沉给中小企业，支持中小企业智能制造技术转型。

4.2.2　吉利汽车带动零部件中小企业智能制造转型

车企利用龙头企业的巨大带动效应，使中小企业进入强势车企供应链体系，并迎来快速发展。随着新能源汽车三电（电池、电机、电控）等核心零部件的市场集中度逐步提高，中小零部件企业面临被淘汰的风险，生存环境不容乐观。同时，新能源汽车市场的快速扩张也使部分头部车企的带动作用愈发明显，这将给能进入其供应链体系的零部件企业带来巨大机遇。中小企业如能进入强势车企供应链，将有机会大幅提高其自身市场占比，甚至迈入业内头部企业行列，扩大盈利空间，为此后进一步发展奠定基础。

（1）企业基本情况

浙江吉利控股集团（以下简称吉利汽车）始建于1986年，经过30年的建设与发展，在汽车、摩托车、汽车发动机、变速器、汽车电子电气及汽车零部件方面均取得了辉煌业绩。吉利汽车始终专注实业，坚持技术创新和人才培养，高度重视企业生存与社会发展、生态环境的关联性，坚定不移地推动企业健康可持续发展并积极推动智能制造转型升级。吉利汽车对广大中小企业创新发展的瓶颈与诉求都有着深刻理解，形成了"深度自研与合作开发带动供应链重塑与产业链智能制造转型升级"的模式。

（2）具体举措

1）吉利汽车采用深度自研与合作开发并举的方式，依托自身工业互联网平台际嘉，帮助广大中小企业实现现有业务的智能化升级爬坡。运用际嘉工业互联网平台，吉利汽车智能制造转型的成果在成都领克汽车工厂、湘潭基地、极氪工厂等地初现。吉利汽车通过际嘉工业互联网的工业大数据平台将收集到的生产过程数据进行分析，结合吉利汽车在制造业所沉淀的经验，研发了包括焊点质量实时分析、机器人拧紧实时分析、尺寸管家等数十个工业APP，将智能化技术与制造经验融合，以机理模型为核心，创造性地解决了产业链中小企业生产过程中的难点与痛点。

2）在生产智能化方面，吉利汽车为帮助部分产业链企业工厂实现生产作业流程自动化，引入了冲压、涂装、焊接机器人等设备，将资源倾斜于生产制造能力的培育开发，提升生产制造过程的自动化和智能化水平，降低产品研发和制造成本，提高生产效率，实现产销结合，降低企业成本。此外，吉利汽车基于沃尔沃在研发方面的优势，在瑞典专门成立吉利中欧研发中心研究院，对吉利汽车、沃尔沃两者资源进行优化整合，推动产业链上各环节企业智能制造转型升级，为其智能化进程的加速推进奠定坚实基础。

3）在营销智能化方面，吉利汽车依托阿里云上搭建的互联营销服务平台，与腾讯展开合作构建基于企业微信的数字营销智慧平台，打破"信息孤岛"，打通贯穿用户画像、社会化客户关系管理、广告投放、用户运营等环节的智能化营销闭环，并对其产业链上的中小企业保持协同、开放、合作，促进产业链上企业生产全过程与消费者实际需求有效对接。

（3）经验启示

中小企业借助地方龙头企业实现智能化改造与工业互联网部署，能够利用各种智能化的设备和系统，并通过引入大数据、人工智能、区块链等新兴技术，在很多传统工序上替代人工，大幅度减弱劳动强度，从而大幅度降低劳动力成本。中小企业对生产流程的数据化，使工业知识管理可以应用大数据、人工智能等技术；对经验和知识的模块化、软件化，能够降低专业技能培养成本，为智能化赋能提供有力支撑。

此外，中小企业还可以整合消费偏好、研发、生产、仓储、营销、市场竞争、供应链等诸多方面的数据，使企业能够全面融入工业互联网、智慧供应链和现代产业链，实现企业内及企业之间生产能力的精准调度和智能优化，精准解决生产过剩、供给效率低下等传统生产模式无法解决的问题，提高产业效率与经济收益。

4.2.3 "以主促链"模式，推动成都经开区产业链中小企业加速转型

为推动工业经济高质量发展，成都经开区（以下简称经开区）以汽车产业为先导，聚焦产线升级，推行"以主促链"的中小企业智能制造转型新模式，使企业提质降本、减碳增效，产业价值链向高端攀升，产业结构逐步优化。

（1）具体举措

目前，经开区聚集一汽大众、一汽丰田、沃尔沃、吉利等 10 家整车企业，500 余家零部件、汽车研发及后市场企业，汽车产业产值占工业总产值比重接近 70%。为充分释放产业集群效应，在汽车产业"新四化"变革中抢得先机，经开区会同核心主机厂共商共研汽车产业中小企业智能制造转型促进方式，总结探索出一汽大众、领吉汽车、大运汽车三种"以主促链"的转型方式。

1）一汽大众的供应链管理提升方式。一方面，通过自主开发供应链智

能化管理系统，一汽大众要求供应链企业严格执行指令，倒逼中下游企业转型。其成都分公司共布局 48 个链区，由 IT 系统计算并分配每个链区的物料数量和时间，物料到达后直接分解上线，全程要求供应商和运输商精准执行指令，这无形中催生了供应商管理精细化、物流智能化的需求。另一方面，通过建立智能制造转型激励机制，一汽大众增强了供应链企业的转型动力。每年定期召开供应链智能转型研讨会，对质量、物流等环节提出转型的具体要求；同时，以优先回款、新项目优先发包等特权作为奖励，从产品质量、准时化供货、生产效率、客户满意度等维度评选年度优秀供应商，激励其提质增效。

2）领吉汽车的试点示范促进方式。作为吉利集团的工业互联网示范工厂，成都领克工厂通过资金补贴等方式，快速推进标杆工厂建设，增强供应链企业的转型信心。支持领吉汽车围绕生产制造中的共性难题，开发冲压智能排产系统等适用于行业内推广的工业 APP。同时，支持企业建立数字化可视展厅，面向中小企业进行典型案例展览，帮助中小企业直观了解智能化转型的成果与方法。

3）大运专车的平台服务促进方式。大运专车联合多家机构建设四川省汽车行业智能制造转型促进中心，打造行业智能化平台，推动行业要素资源和知识经验在平台上沉淀与集聚，形成一系列智能制造转型的解决方案和产品，以满足汽车行业中小企业的智能化转型需求，降低其转型成本。

（2）取得成效

产线智能化升级，赋予企业发展新动力。近年来，成都经开区累计推动嘉润汽车、立邦涂料等 200 余家企业开展智能化升级，撬动投资约 30 亿元，改造企业总体实现运营成本降低约 13%，促使企业的工业云平台应用率达 60%，生产效率提升约 15%，产品质量指标提高约 17%，企业竞争力显著提升。

4.3 "平台赋能、面上有拓展"模式

中小企业创新能力普遍较弱，缺乏数字知识与科学类非数字知识，导致其自主实现智能制造转型的可能性较低。与中小企业相比，行业龙头企业或公共服务平台在数字知识方面较为完备，不仅拥有丰富的科学类非数字知识，而且通过智能化改造一定程度上实现了智能制造转型，积累了一定的经验类数字知识。这些知识正是中小企业所需要的。因此，龙头企业或公共服务平台将知识共享，赋能中小企业，可推动中小企业的智能制造转型，降低转型成本。

4.3.1 "平台"推动中小企业智能制造转型的优势

近年来，各地的双创示范基地、众创空间将创新者、创业者、创投者、管理者和广大的市场用户平等地、紧密地联结在了一起，提供了共享平台和市场渠道，创造出新的供给和需求，促进了平台经济的快速兴起。同时，双创示范基地逐步建立起创新活跃、开放共享、互利共赢的智能化发展产业生态，助力加快中小企业"数智化"转型速度。

平台企业的发展与中小企业关系紧密，在智能制造转型方面两者之间具有极强的关联性。平台企业对助力中小企业智能制造转型具有较强的意愿，在支持中小企业智能制造转型中体现出不可比拟的优势。

（1）业务拓展优势

业务拓展优势主要指通过自身主营业务从销售端逐渐向前拓展，带动中小企业经营端、生产端业务智能化，最终实现全业务链条的信息化、智能化。例如，美团打造全流程智能化的"智慧餐厅"模式，通过 SaaS 系统等技术化手段，将传统线下的农产品溯源、采购、物流配送、点餐、结算等用餐环节带到线上，并将前厅端与后厨端的点菜、支付对接，后台端的运营和客户管理对接，形成数据驱动的一体化解决方案。

（2）专业积淀优势

专业积淀优势主要指依托行业的龙头企业，发挥其专业优势，为所在行业的中小企业提供智能制造转型技术支持。例如，上海钢联推出的钢银云·贸易，涵盖了采购、库存、销售、财务、客服、报表六大核心功能，搭建了可视化、线上化工作台，实现全业务场景覆盖，能为钢贸中小企业提供高效定制的线上办公服务；海尔卡奥斯工业互联网平台为山东电盾科技提供了智能化改造方案，通过升级现有设备，山东电盾科技的智能化改造实现了高性价比——其生产效率提高了35%，产品优良率提升了3%，人工成本降低了30%。

（3）生态构建优势

生态构建优势指平台企业通过发挥自身优势，构建完整的生态体系，以帮助中小企业进行智能制造转型，同时推动平台企业自身发展壮大。例如，京东从数字技术支持、解决方案设计和企业成长这三个方面出发，推出了"新动力计划"，逐步构建产业互联网的开放生态，为中小企业提供免费或优惠的产品、技术、服务和资源。截至2020年6月，已有近百万家中小企业从中受益。京东为福建丰大集团的百万吨冷库引入冷链物流系统，使其采购效率提升30%，平均运营成本降低25%，主要企业的线上销售同比增长35%。

在平台赋能的情景下，中小企业不仅可以利用技术实现智能化，而且可以通过搭建IT平台和采购业务系统提升多个环节的信息化应用水平。平台企业为中小企业智能制造转型探索了可操作性强、可复制程度高的实践经验，引领更多企业从管理环节、营销环节入手，将业务系统逐步迁移至云端，循序渐进地推进全链条、全流程的升级改造。

4.3.2 涂鸦智能——"即插即用"服务中小企业智能制造转型

（1）企业发展历程

杭州涂鸦科技有限公司（以下简称涂鸦智能）通过不断探索和尝试，开发核心技术，连接品牌、原始设备制造商、开发者和连锁零售商的智能化需求，打造全球化的物联网（internet of things，IoT）云平台，积极拓展市场。且涂鸦智能提供一站式人工智能物联网解决方案，积极为中小企业全面赋能，走出了一条"即插即用"服务中小企业智能升级的路径，给广大中小企业智能升级提供了借鉴和参考。目前，涂鸦智能已成为全球领先的IoT云平台，涵盖硬件开发工具、全球云、智慧商业平台开发三个方面，提供从技术到营销渠道的全面生态赋能。截至 2020 年 12 月 31 日，涂鸦智能IoT云平台的日语音 AI 交互超 1.22 亿次，赋能超 25.2 万台设备，产品和服务覆盖超过 220 个国家和地区，辐射全球超 10 万个线上和线下销售渠道。

从 2014 年成立至今，涂鸦智能经历了几个关键转折点：① 2015 年，涂鸦智能推出了云平台，该云平台能够将公司所有的赋能能力标准化地、快捷地部署给客户；② 2017 年，随着海外市场智能音箱逐渐普及，涂鸦智能的平台部署赋能设备数突破了 100 万台；③ 2018 年，国内智慧互联时代到来，国家大力发展 5G，一个 5G 基站可以做到同时互联互通几十万台设备，解决了设备同时触发和并行的问题，涂鸦智能完成了产品到场景的落地；④ 2020 年，新冠疫情突发，加速了智能化产品的落地，涂鸦智能的赋能产品从过去的智能家居逐渐转向各行各业的场景应用，甚至走向政府的政务需求。

（2）具体举措

涂鸦智能赋能中小企业智能化转型的方式多种多样，具体如下。

1）物联网平台服务。涂鸦智能的物联网平台服务（简称IoT PaaS）是一种集成的、多合一的产品，可以帮助客户快速、轻松且低成本地构建和管理智能设备。IoT PaaS结合云端连接能力和基本的物联网服务、边缘功能、APP开发，以及设备优化解决方案，共同构成物联网功能的基本要素。中小企业客户可以利用涂鸦智能丰富的开发人员工具包针对所需的应用和功能进行个性化定制。

2）行业软件服务。涂鸦智能为中小企业提供垂直行业软件服务解决方案，使中小企业能够轻松和安全地部署、连接和管理大量不同类型的智能设备。就像数十亿人使用APP拥抱移动互联网一样，涂鸦智能将行业软件服务设计为"即插即用"的日常工具，使用户可以与物联网设备进行交互并使用各种功能。行业软件服务使用户生活更轻松、更健康、更愉快，并为不同规模的跨行业企业提高效率、节省成本和提高生产力。涂鸦智能的行业软件服务在设计时更注重跨品牌兼容性，并支持所有涂鸦智能赋能的跨品牌、跨品类设备，这是涂鸦智能解决方案在行业中的核心竞争力之一。

（3）典型应用案例

涂鸦智能提供的服务覆盖了六大刚需（健康、安全、节能、效率、娱乐、健美）、九大行业（智慧工业、智慧农业、智慧旅游、智慧教育、智慧养老、智慧医疗健康、智慧地产、智慧零售、智慧能源）和十三大品类（照明、电工、大家电、小家电、传感、摄像机、门锁、网关中控、个护健康、数码娱乐、户外出行、健身美容、AI语音）。

1）面向智慧家电场景。涂鸦智能家电智能化方案涵盖多种家庭主要电器，提供数十种产品智能化解决方案，赋能开发者研发全套智慧家电产品。中小企业普遍缺乏智能化的技术与团队，而基于涂鸦智能IoT云平台的一站式智能化解决方案，中小企业可在1分钟内完成软件交互界面的开发、10分钟内创建生成OEM APP、15天内实现智能设备量产，低成本、高效率地实现产品智能化升级。据咨询机构灼识咨询统计，涂鸦智能IoT云平台可为企业节省高达90%的开发时间，这对处于初创期的中小企业而言无疑是巨大的助力。

2）面向智慧工业场景。涂鸦智能研发了智慧工业 IoT 平台，为中小制造企业提供包含生产工艺、生产过程管控、设备运维的整体工业互联网解决方案。依托涂鸦智能 IoT 营销渠道平台，赋能中小企业实现产品全球销售，建立研发、生产、销售的全产业链生态闭环。该平台通过制造过程的全流程管控实现生产跟踪及追溯，通过车间数据的采集实现制造数据的可视化及监控，通过智能物联设备的应用，实现中小企业在生产和运营过程中的降本增效。

例：智能硬件品牌猿人创新

猿人创新是一家专注于用户需求的物联网公司，其智能硬件产品在欧美、日本等地市场表现突出。猿人创新选择与涂鸦智能合作，正是看中了后者在技术投入、合作深度、响应服务等方面的优势。猿人创新与涂鸦智能的合作注重高效，双方对接需求、同步调试，在每个关键节点都彼此协作，共同推进目标的实现。目前，猿人创新很多重点产品是基于涂鸦生态平台进行设计、研发和推向国际市场的，包括智能路由器、智能灯泡、智能网络摄像机等产品，相关产品累计销量已超过 1500 万台。未来，双方还将进一步深化合作，推动 IoT 行业发展壮大，让智能物联惠及全球家庭。

例：智能门锁品牌 VOC

威欧希科技成立于 2012 年，是一家集研发、制造和品牌运营于一体的国家高新技术企业，旗下拥有智能门锁品牌 VOC。近年来，智能门锁市场增长迅速，新技术层出不穷。VOC 想为产品增加联网功能，却发现市面上的联网方案不尽如人意。2019 年，涂鸦智能的 Wi-Fi 门锁方案吸引了 VOC，双方仅用了半个月就快速完成对接，大幅缩短了开发时间和成本，快速推出产品抢占市场。在涂鸦智能的协助下，VOC 快速开发了适用于安卓和 iOS 的 APP，并能通过平台实时监控设备的激活和使用情况。涂鸦智能平台提供的售后服务和技术支持，确保了 VOC 无后顾之忧。目前，VOC 的多个系列产品已全面嵌入涂鸦智能 Wi-Fi 门锁方案，实现了线上线下多渠道销售。

例：智能电工企业鸿世电器

在传统电工市场，鸿世电器每年至少可创造五千万元利润，市场相对稳定，但鸿世电器已察觉到智能化浪潮的到来。经过技术研判，鸿世电器决定接入涂鸦 IoT 开发平台。2020 年仅一年时间，鸿世电器便量产了包括智能插座、智能遥控器在内的 84 款智能设备新品，平均不到一周就能落地一款新品，其中大部分产品是鸿世电器此前未曾涉足研发的。双方合作为鸿世电器带来的不止是智能化升级。鸿世电器还将自动化生产线与涂鸦智能的云智造系统结合，实现了远程统筹生产任务、监控产线状态，降低了生产异常并缩短了交付周期，最终促成了产线的精益化改造，基本杜绝了标签错打、物料混乱的问题。

（4）相关启示

回顾涂鸦智能的发展，可以总结一些相关经验。①优秀的企业文化。作为一家向企业用户（B 端）提供产品与服务的企业，"客户成功"被摆在涂鸦智能价值观首要的位置，公司深度理解客户的核心需求并提供最符合需求的解决方案，这也是涂鸦智能能够扶持大量中小企业实现智能化转型的原因之一。在涂鸦智能的历史中，尤其是创业初期，涂鸦智能为了寻找客户、服务客户，付出了巨大的艰辛和努力，也训练出了一支敢创新、会合作、全力拼搏的团队。②过硬的技术团队。涂鸦智能的创始团队具有丰富的开源平台及云计算经验。涂鸦智能创始团队最早在 2003 年创立PHPWind，开发出国内最优秀的免费开源社区管理系统。涂鸦智能创始团队是阿里云的第一代领导团队，并首创了支付宝的二维码支付系统。2014年，涂鸦智能创始团队离开阿里，共同创办涂鸦智能。目前，涂鸦智能的员工团队中，技术人员的占比超过 70%。③全球化战略。目前，涂鸦智能在美国加州、德国杜塞尔多夫等地设有 6 个本地总部，拥有完整的本地化团队，并且在全球设有 6 个数据中心以提供及时响应，助力本地化运营、业务开拓及客户服务。同时，涂鸦智能拥有强大的本地化团队，高管们都深入了解当地市场和本地政策文化。这支团队加上全球战略委员会，加以涂鸦智能持续深化的四层服务体系（本地化的产品/技术力、本地化的渠道力、本地化的供货力、本地化的服务力），共同打造出涂鸦智能全球化的平台能力。

中小企业智能化转型过程中，在资金、技术、人才、市场等方面上会遇到不少困难，其中的关键就是寻找合适的合作伙伴，这也是类似涂鸦智能这样的 IoT 云平台提供"即插即用"服务的意义。涂鸦智能让企业充分发挥自身优势、聚焦自身主业，而企业所需要的产品（如联网模块、云、APP）、服务、软硬件部署解决方案等，则无须自研，可交给涂鸦智能这样的第三方平台公司提供。涂鸦智能的"即插即用"服务中小企业智能升级的模式为我国量大面广的中小企业智能升级提供了有效路径，具有很好的参考价值。

4.3.3 "平台支撑、应用牵引"推动深圳龙岗区中小企业智能制造转型

深圳龙岗区通过联合华为共同成立华为（龙岗）工业互联网创新中心，打造中小企业智能制造转型支撑平台，构建中小企业智能制造转型新模式。

（1）具体举措

龙岗区联合华为共同成立华为（龙岗）工业互联网创新中心，打造了龙岗区工业互联网平台。中小企业可接入该平台实现企业应用统一入口、多系统用户和权限的集中管控，平台上业务系统低代码对接、数据可视化，实时掌握业务系统运行状况。此外，创新中心还组建了技术支持团队，针对中小企业在上平台过程中遇到的疑难问题展开专项研究，给出切实可行的技术路径和解决方案，助推中小企业智能制造转型，进而带动龙岗区整体制造业产业集群转型升级，提升工业互联网能力，助力龙岗区成为创新驱动、应用引领、生态活跃的全国工业互联网领先地区。

依托华为工业互联网平台（FusionPlant）及其生态伙伴，工业全生命周期流、生产制造流、供应链价值流得以赋能，这为中小企业智能制造转型提供从研发协同、经营管理、维护服务、生产制造等全场景工业互联网专家团队一对一解决方案，同时，也鼓励中小企业开放应用场景。围绕电子

制造、装备制造、五金注塑等优势重点产业，龙岗区积极规划工业互联网细分行业应用，推动产业链和重点企业供应链从研产供销服整体向智能制造转型，整合 5G、物联网、大数据、人工智能等关键技术与实体经济深度融合，整体提升全区制造业工业互联网能力，打造产业智能化范例，向价值链高端迈进。

（2）取得成效

华为（龙岗）工业互联网创新中心是华为公司在深圳打造的首家工业互联网产业载体，也是全国规模最大的工业互联网创新平台。自 2020 年 5 月中旬起，龙岗区工业和信息化局联合华为公司、龙岗区移动通信与工业互联网行业协会实地调研了区内 200 余家亿元以上规模工业企业，深入了解企业当前智能制造转型存在的痛点难点，以及业务场景、信息化建设情况、上云需求、联合创新等需求情况。

此外，针对辖区规模以上工业企业，华为公司联合生态伙伴各个业务部门，已服务了其中 203 家中小企业，取得了诸多成效，包括：促使企业从传统纸质化办公转向电子化办公；打通部门间的协同壁垒，提升部门间的协同效率；打通订单、生产、财务数据，提升决策效率，帮助中小企业从财务管理、业务管理、生产管理、仓库管理等维度提升其智能制造水平。

4.4　"园区推动、体上有提升"模式

产业园区是产业发展和企业聚集的空间载体，肩负着聚集创新要素、培育新兴产业、推动产业转型升级、促进区域经济发展等重要使命。产业园区和产业集群智能制造转型是推进我国产业智能制造转型的关键。截至 2021 年底，我国产业园区共计 19397 个，产业园区智能制造转型对全社会具有积极的引领和推动作用。从产业协同发展视角看，通过产业园区智能化提升产业服务能力，赋能园区中小企业智能制造转型升级，是加速产业智能制造转型的重要途径之一。

4.4.1 "园区"推动中小企业智能制造转型优势

建设产业园区，集中各类资源与力量，推动数字产业发展形成集聚效应，是促进内容产业发展的有效方式之一。产业园区模式具有如下优势。

（1）降低企业成本

通过数字产业园区，相关企业围绕价值链产生集聚效应，引发园区内部的产业分工和产业链整合，最终产生规模效应。通过企业的联系，每个具有不同优势的环节都在联系中达到最优，从而实现整体最优。并在此过程中，通过共同承担中间成本，有效降低各个企业所要付出的各环节成本，获得成本优势。

（2）获取整合优势

我国智能制造转型的中小企业数量众多，但这些中小企业普遍存在着规模小的缺陷，造成了其独立生存能力薄弱。而在产业园内，这些中小企业通过企业的地理集聚和合作从而形成外部规模经济，通过信息和知识的共享体现整合优势；同时，通过整合技术、资金、市场等要素，产业园区将成为集聚专业信息、人才、资本的大型机构，具备建立在长期合作与信任基础之上的有助于抵抗外部竞争的竞争优势。

（3）促进企业创新

产业园区加强了企业之间、企业与用户之间的交流互动，提供了企业创新的内在驱动力。在产业园区统一平台的支持下，中小企业不再"单打独斗"，而是借助园区资源，形成"创新集群"。集群内的技术合作为创新研发提供多维度支撑，推动中小企业在知识库建设、新产品研发、产品管理等方面不断进步，延展创新链条。借助创新机制和资源支持，产业园区内企业加速向智能制造转型，营造面向理念转变、技术升级、管理优化的创新氛围。

（4）打造"区域品牌"

"区域品牌"是区域内众多企业品牌综合与浓缩产生的更形象、更直接的产业特色，是能发挥出比单个企业品牌更具外部效应的无形资产。"区域品牌"所产生的广泛持续的品牌效应有利于提升整个区域的品牌形象，且有利于招商引资，为区域内企业的对外交流与市场开拓提供有利条件，带来长久、健康的发展。产业园区围绕产业链，将众多的相关企业、政府部门、行业协会、金融机构、教育培训部门等集中在一定区域内，促进各部门的资源共建共享与交流合作，使它们形成一种柔性的有机整体，将区域内的品牌特色与优势集聚，提升区域的核心竞争力。

4.4.2　蓝印时尚小镇——传统产业转型升级

（1）基本情况

印染业一度被认为是污染产业、夕阳产业，甚至面临存续危机。但在柯桥，印染业却走出了一条截然不同的路。蓝印时尚小镇被称为"染都"柯桥的硬核之地，同时也是杭州湾湾区经济带上的时尚产业类特色小镇，处于滨海工业园区。从 2010 年起，柯桥原有 212 家印染企业，2010 年经过一、二、三期项目的整合，整合后的 107 家企业全部落户以蓝印时尚小镇为核心的集聚区。通过"设备提升、创新驱动、绿色发展、时尚引领"四大途径，以及近 10 年的建设，蓝印时尚小镇如今已是"布"满全球、享誉于纺织界的"金凤凰"。面对智能化浪潮，以走在产业转型提升路上的蓝印时尚小镇为榜样，越来越多的印染企业以信息化、智能化提升改造推动了产业升级。

（2）具体措施

1）"5G+"赋能，打造印染智慧工厂。成品布经质检自动打包后，由传输带送往指定的布框。有轨制导车辆小车接到指令后，将布框送往传输台，再由堆垛机接受感应后叉往指定的仓储点。成品布入库、出库已实现全自动；染料间，120 只染料箱整齐排列，称料后染料盆自动运行到指定地点待命，开料指令发出后通过管道自动输送至对应染缸。与传统厂区相比，染料车间可减少 2/3 的人员，仓库也可减少 1/4 的人员，原先的工作环境被一根根管道、一条条自动化输送带，以及轨道上一辆辆自动运行的小车所取代，干净整洁的环境一改印染产业高污染、粗放型的生产模式，展现出浓浓的现代工业风。

2）多方位鼓励发展。引进培育"数制科技""环思科技"等符合柯桥产业导向的智能化改造服务商，促成印染企业开展智能化提升试点；鼓励和推动迎丰科技等龙头企业打造设备互联、数据互换、过程互动的高标准智能化工厂；鼓励具备智能化改造条件的企业打造智能化示范车间；鼓励有条件的传统生产模式企业打造智能化生产线。

3）以开放合作的姿态，积极融入"双循环"新格局，参与构建全球产业链协同发展。一方面，中小企业通过"数字轻纺城"项目，挖掘轻纺市场大数据，开发各类场景应用，提升自身管理运营决策水平；另一方面，着力扩大对外开放，引进先进企业。韩国福元科技是国际先进染色智能系统的领航者，其设备系统以节约人工 80% 以上，提高产品质量，减少染化料成本 15% 以上的节能、精准、高效见长，该设备成为近年来蓝印时尚小镇各大印染企业的"新宠"。

4）整合科技资源，为企业智能化提升提供源源不断的"智力"支撑。依托浙江省级印染创新中心、绍兴柯桥印染产业工程师协同创新中心和鉴湖实验室等高端平台，借力东华大学、西安工程大学、江南大学、浙江理工大学等高校与地方共建的合作平台，围绕行业智能制造、绿色生产、精益管理等关键共性问题，协同开展技术研发。

5）政府"搭台"。推动印染产业实现高质量发展，绿色环保是必不可少的前提。近年来，为提升印染行业的废气治理综合能力，绍兴市生态环境局出台了《废气整治提升技术规范》，对排放治理、稳定达标、精准管控等提出了具体要求和措施，同时，严格要求定型机和印花机烘干段出口配套安装集气罩，对染化料储存间和浆料调配间进行密闭管控，并定期清洗定型机及废气处理设备的管线。在此基础上，柯桥区进一步制定了废气整治的综合举措，包括出台了引导激励政策。例如：补贴企业的节能环保设备购置，对当年新配备"高效纤维过滤器系统"或新型定型机废气收集治理设备（经绍兴市生态环境局柯桥分局认定）的企业，按实际投入额的15%给予奖励；完善主要污染物总量指标量化管理及考核激励制度，依据企业的亩均效益综合评估结果，对不同类型的印染企业实行差异化的排污指标分配。这些措施，有助于驱动产业园区内的企业进行智能制造转型升级。

（3）取得成效

在柯桥，智能制造转型得到众多印染企业的青睐。如：浙江越新印染有限公司启动智能制造转型，目前一期工程已完工，初步实现智能监控、智能排产、质量分析诊断等功能，染色一次成功率提高10%~20%；浙江迎丰科技股份有限公司总投资10亿元的智能化绿色印染车间，被认定为浙江省智能化车间/智能工厂；绍兴英吉利印染有限公司智慧印染平台能通过大数据算法为每一笔订单自动选择最佳生产方案，使生产效率提高25%，染色一次成功率提升5%~15%；维艺实业打造的无人仓储系统试运行，永通印花正在与西安工程大学合作，为企业量身打造智能化管理系统；等等。

4.4.3 打造共享铸造高质量发展创新平台，嘉禾县铸锻造产业集群向智能制造转型

（1）园区基本情况

嘉禾县被誉为我国"铸造之乡"，通过"一园两片区"的产业布局，全县已有106家铸造企业入驻园区，入园率超过60%，是湖南省工信厅17个产业集群中转型升级的第一个试点行业。嘉禾县的铸锻造产业集群主要由中小企业组成，针对其智能制造转型需求，基于现有产业发展现状，嘉禾县面向典型数智化应用场景，由嘉禾县铸锻造产业集群促进中心投资建设，并与树根互联股份有限公司合作，依托"根云＋根链"平台，联合打造嘉禾县"工业互联网＋区块链"共享铸造高质量发展创新平台，促进"嘉禾铸造"向"嘉禾智造"转变。

（2）具体举措

三方合作打造"工业互联网＋区块链"共享铸锻高质量发展创新平台。嘉禾县联合根云互联根链股份公司和园区内的技术企业，共同构建嘉禾铸锻造产业集群工业互联网平台，形成了由采集层、平台层、企业应用层和政府监管层四部分组成的"能源管理"解决方案。根云和根链为企业提供投资开发支持与数据共享模式，其能源管理解决方案与投放管理相辅相成，并构建能源管理系统和产出中心的可视化能力。联合根云建立能源管理系统，涵盖能源看板、安全监视、综合报表、根云能管公众号等功能模块；能源管理系统能导入实时能源数据，系统可在线监控企业能耗和设备运维数据，有效指导企业能耗优化。此外，政府、树根互联、园区企业将在三方合作中共同加大保障力度，包括政府购买运维服务、树根互联开发个性化企业应用、园区企业提供应用场景和数据来源等。

（3）取得成效

政府和产业促进中心通过产业中心可视化大屏，有效避免真实信息被层层"过滤"，能更直观清晰地了解各企业的环境、能耗和生产等信息，实现数据实时监控与数据存证，为制定科学管理决策方案和"双碳"目标实现提供可信数据来源。

借助能耗管理系统，企业可实时掌握包括设备能耗、设备故障在内的车间生产状况，从而减少设备停机异常响应并缩短待机时间。由此，可使得单台加热炉节能5%，年节约费用达30万元；单台空压机节能10%，年节约费用达10万元。预计10家企业单年度降本总计可达400万元。

4.4.4 浙江大学高端装备研究院——赋能区域传统产业转型升级

（1）基本情况

杭州市余杭区临平经济技术开发区成立于1993年，区域面积77平方公里，拥有国家级企业孵化器、全省唯一的省级生物医药高新技术产业园区和首个智能制造示范基地。该开发区集聚高端装备制造和生物经济两大特色主导产业，有规模工业企业300余家，国家高新技术企业150余家，上市公司16家，综合实力位列全国第24位，已成为临平区乃至杭州市和浙江省的工业经济重要增长极。

浙江大学高端装备研究院（以下简称研究院）是杭州市临平区和浙江大学校地共建的、具有独立法人资格的高端装备领域创新基地。院内设有智能机器人、高端机电系统及工业软件、航空发动机与燃气轮机、半导体装备、高端医疗装备五大研发中心。研究院重点开展技术研究与开发、成果转移转化、企业孵化、人才培养、学术交流、社会服务等工作，旨在充分集聚杭州市余杭区临平经济技术开发区产业、政策优势和浙江大学技术、人才创新资源，打造以"创新驱动、服务地方、成果转化、市场导向"为目标的高端装备产业集聚区。

研究院致力于服务地方发展，推动杭州市余杭区临平经济技术开发区高质量发展，助推临平区打造"未来智造城"，助力浙江省数字经济发展。

（2）具体措施

1）瞄准区域发展难题，创建平台强支撑。创新驱动，科学规划，打造赋能云平台。研究院与无锡雪浪数制科技有限公司合作，建有工业互联网区域云平台，助力区域内企业智能制造改革。该平台曾入选2022年度省级工业互联网平台创建名单。工业互联网区域云平台以服务区内中小企业为主旨，聚焦中小企业的共性问题，为企业智能制造提供技术加运行维护的一站式托管服务，云平台集结研究院的人才和技术优势，依托研究院入驻企业的智能化能力，创建以规模效应降低企业工业软件应用门槛和成本的新模式，全面赋能区域制造企业的智能制造转型升级，为区内中小企业解决投入大、人才贵的主要问题。研究院云平台积极与区内企业对接，与多家企业达成了合作意向，并为区内重要企业提供智能化服务。研究院云平台团队针对合作企业的研发设计构建了全要素混合数字"孪生体"，进一步提高测试验证与标定阶段的效率，降低测试验证成本。针对已建成"未来工厂"的企业，研究院云平台团队推动其从通用离散制造业生产方式向智能化方向提升，扩大智能制造领先地位。而针对中高层管理者对企业智能化改革的认知问题，研究院开展各种形式的主题沙龙和培训，以提升企业智能化改革意识。

未来，研究院工业互联网公共服务平台将持续通过与不同类型的通用型或垂直型适用于服务制造业中小微企业的 SaaS 厂商、智能化服务商、当地具有供应链协同效应作用的龙头企业等形成生态的有机组合和良性的合作伙伴关系，提供诊断服务、解决方案、管理理念、提升培养、技能培训、人才培养、同行跨行跨区域交流、资源整合等形式内容丰富的服务，从技能、人才、软硬件等方面出发，全方位赋能企业。

2）强化区域数字赋能，引领创建转型"加速器"。紧扣实效，共建共享，建设配套计算中心。研究院还建设有高性能计算中心，该中心以高性能计算设备和通用计算软件为基础，满负荷运行多种通用仿真软件，提供流场、温度场、结构分析、化学燃烧、多物理场耦合等多种仿真能力，通过项目委托、联合研发和共建研发中心等多种合作方式，解决企业产品研发、技术改造和性能优化过程中的难点问题。同时，该中心为具备仿真计算能力的企业提供高性能算力资源支持。中心建成后，已先后解决了高压水射流机理量化、泵阀内部复杂流道设计、船机桨匹配系统优化等中小企业遇到的各类设计和生产难题。同时，中心依托自身充足的计算能力，为研究院科研项目提供了算力支撑。

研究院通过打造工业互联网云平台加高性能计算中心的双平台，结合研究院的人才资源优势，带头"冲"在制造业改造升级"第一线"，扎实推进全球先进制造业基地建设，不断夯实制造业高质量发展的基础，持续为建设制造强国贡献力量。

（3）取得成效

搭建工业互联网公共服务平台，针对中小企业主要面向车间生产制造业务使用MES系统的特征，采用"1+N+X"的功能组合模式，有效帮助企业实现组合式MES协同平台的个性化诉求。平台提供1个标准化应用框架，N个MES必备功能模块和X个可自定义选择的高级功能模块，企业可根据不同需求选配相关模块组成应用，使车间生产制造业务更加轻量化、柔性化、可配置。

研究院对杭州市余杭区临平经济开发区进行20余次集中调研，走访经济开发区企业100余家，企业共提出60余种合作需求，24种合作类型。通过企业走访与调研，研究院的服务内容更加清晰化、系统化，帮助企业解决各种技术难题，提升企业产品及技术核心竞争力，助推产业结构调整及升级，提高经济开发区在海内外高端装备创新产业影响力。

研究院通过组织专家团队对企业进行走访调研，结合"线上+线下"宣贯活动和交流座谈等方式，梳理企业实际需求和痛点，并为企业提供一体化解决方案，平台激活客户超过100家。

第5章
中小企业智能制造发展路径与方法

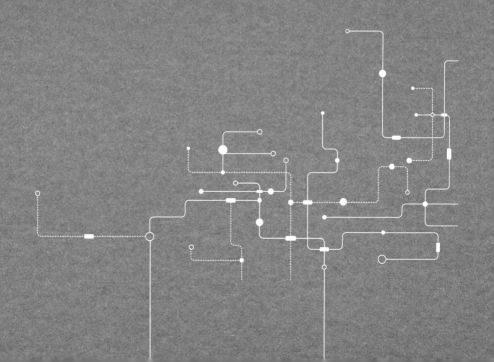

近年来，浙江在研究分析中小企业数字化、智能化改造的基本情况后，提出"行业平台化服务、企业智能制造"的总体思路，而后，通过在多个县市的实践，阶段性总结以细分行业建设初级数智工厂为主的学样仿样法，同时提出并正在实践数智工厂建设、运营模式转型的"三步走"升级法和赋能数智工厂建设和服务的"平台+数智工厂"法。

总的方法和路径如下。

● 以学样仿样法打造初级数智工厂，然后向中级数智工厂、高级数智工厂逐步升级。

● 以供给侧"建、转、用"并举促进平台化的思路，先打造数智化改造平台，然后向供应链协作、生产制造协同等平台拓展。

● 通过不断探索和持续迭代优化，形成"平台+数智工厂"的智能制造体系，以期破解中小企业数智化改造这一世界性难题。

工业中小企业智能制造发展总的方法和路径如图 5-1 所示。

从企业技术应用层面来理解，中小企业智能制造转型改造应由内到外进行，即应用重点从第一阶段的"内"（对工单、仓储、质量、设备等的管理），走向第二阶段的"外"（订单管理、采购管理、发运管理），最终实现成本管理，走向生产供应链应用。

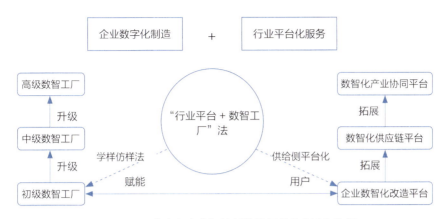

图 5-1　工业中小企业智能制造发展总的方法和路径

5.1　中小企业数智工厂建设与运营模式转型"三步走"升级法

　　数智工厂建设与运营是我国"十四五"规划的主要任务。它是实现我国第二轮数字经济发展的重要基础，因为我国第一轮数字经济发展的基本模式是云平台+互联网+（消费与服务/智能手机），我国第二轮数字经济发展的基本模式是云平台+互联网+（制造与服务/数智工厂）。扩大数智工厂的规模已成为我国第二轮数字经济发展的关键环节与战略举措。在工厂的智能制造转型中，已开始运用设备端计算、制造单元与制造生产线端的边缘计算、云计算，有计算必有智能算法创新；工厂数据生态体系建设亦在推进中，有大数据必用人工智能。因此，目前已经到了数智工厂与智能工厂融合发展阶段，数智工厂的发展已成为主要模式。

5.1.1　向数智工厂运营模式转型必须完成的六项任务

　　本项目明确提出六项任务。六项任务从以下三个维度提出：①从实现数智工厂运营模式转型必须满足的条件出发设定；②从全面理解、正确处理老企业智能制造改造与智能化改革之间关系，为基层实践提供指导服务出发考虑；③从完成六项任务必须加强数智化供应商与工业企业双方主体的合作，既要明确各自的责任，又要相互配合推进的特点来阐明。

（1）需建设行业云主导运营的、数据底座与工厂一线相融通的数据生态体系

经研究证明，工厂的数据生态体系是由生产领域、运营领域、管理领域、治理领域、售后服务领域，以及产品设计及研发的数据生态系统为一体构成的。

以离散工业的制造工厂为例，数据底座与工厂一线相融通是指技术、业务、数据（包括技术标准、业务知识、行为规则）的融通，目的是打通数据，用好数据。

离散型工厂生产场景的数据生态系统建设基本标配是"两类单元（单机单元、多机单元）、两种产线（制造产线、物流产线）"的物联与员工的互联（human–cyber–physical systems，HCPS），以及从物料到半成品再到成品生产的扫码数采系统，可简称为"两类数智化单元、两种数智化产线＋数采系统"。其中，员工使用的是"小程序软件＋指令数据集／执行指令结果报告数据集"；制造单元与制造生产线侧边缘计算（智能网关或服务器）上行到云平台的数据是"制造单元或制造生产线的工况数据、碳（能）耗数据"，云平台下行到智能网关或服务器的数据是智能监测数据集与优化碳耗数据集，为智能预警、智能运维、智能碳耗管理奠定了基础。

智能化管理与治理数据系统的标配架构是"云＋管理人员的工位机"，管理人员使用的是"小程序软件＋指令数据集／指令执行结果报告数据集"。

（2）需要完成线上与线下相结合的运营方式创新

数智工厂的运营方式创新主要有以下四种类型。

①智能化生产需要改变员工岗级、班组级、车间级、生产科与销售科的人员逐级请示汇报的运作方式，建立可在线同步报告与在线高效指挥、执行的机制，即垂直"五跨"（跨层级、跨地域、跨系统、跨部门、跨业

务）的运营（作）方式；②智能化生产需要构建从穿棕单元到织造车间再到
验布修布车间的跨单元、跨产线、跨车间的横向协同生产的运营方式；③
需要创建纺织品生产与经营业务一体化的、横向跨多个管理科室（或部门）
协同服务的掌上办的运营方式，并根据流程的优化精简冗余的环节与岗位，
优化企业内部组织设置，逐步推进工厂管理的扁平化；④需要构建高效协同
的运营模式；该运营模式由云平台统筹，具备实时调度能力，可实现多职能
和多部门的一体化协同管理，有助于提升企业的整体运营效率。

（3）需要完成工厂的智能化管理体制变革

企业需要改革传统的管理体制，推进采购、资产、仓储、生产、人事
与工资、财务，以及销售与客户管理的智能化、无纸化、可视化，并创建
与其相配套的管理制度。

（4）需要创建工厂内部的智能化治理体系与体制

若要让智能化的管理制度具有强制性和约束力，保证人人能遵守制度、
事事能讲规矩，就必须建立健全跟踪员工生产经营行为的大数据监管体系
与体制，做到有功必赏、违规必罚。例如，若要解决员工对智能化岗位技
能因思想抵触不肯学、怕麻烦不愿用、不受制度约束乱作为等问题，就应
完善数字证据依法采集、依规采集的方式，并实行"有令必行、有禁必止、
有功必赏、违规必处"的"新政"，以保障智能化管理制度成果落地见效。

管理体制改革、数据治理体系、智能化治理体制三者的关系如下。管
理体制改革要解决的问题，是有规（法）可依；数据治理体系要解决的问
题，是查证有功或违规行为的智能化证据链，要严密严谨（执法必严）；智
能化治理体制创新要解决的问题，是公平公正，有功必赏、违规（法）必
究（处）。

完成运营方式及组织结构的改革、管理体制改革、数据治理体系与智
能化治理体制等变革任务，是保障数智工厂健康有序运营的必然要求。这
些工作看起来很难，但对于熟悉企业管理与治理的工业企业而言，只要搞

懂智能化管理与治理的原理，即可完成上述制度改革与创新的任务。

（5）需要开发全厂员工使用的"小程序软件+指令数据集/执行指令结果报告数据集"与人工智能应用

首先，要开发好全厂员工使用的"小程序软件+指令数据集/执行结果报告数据集"。这是实现云平台动态地实时调度指挥全体员工，再由员工去调控智能化的制造单元与制造产线，继而由管理部门为员工提供协同的服务保障的必备条件，亦是构建全厂员工面对客户的一体化协同生产与协同服务模式的必然要求。因此，开发好"小程序软件+指令数据集/执行指令结果报告数据集"非常重要。员工使用的指令数据集与执行指令结果报告数据集，即使是由同一个人从事同一个岗位的工作，亦会因时间任务不同而产生变化。它会以"$N+X$"的数据集形式来表现。其中，N项的岗位核心指令数据与内涵的操作行为规范数据是固定的，X项的任务指令数据因时间任务不同而不同。同时，人工智能将指令结果报告数据集进行汇总统计，可自动生成各类可视化的数据报表，为生产员工、管理员工、后勤员工、科技人员提供更加人性化、便利化、可视化的服务，构建以员工为主体，由云平台统筹且具备实时调度能力的高效协同的运营模式。

其次，要开发适用于生产、业务、管理、治理四大场景的人工智能应用。这是可以渐次推进的。应根据生产、业务、管理、治理四大场景的数据生态系统建设的进展与业务数据运营的内在逻辑关系，跟进开发各种人工智能算法与应用。例如，通过生产场景的数据人工智能应用开发，可以不断提高智能制造、智能运维、智能质检、智能包装等智能生产与智能运维水平；通过持续推进"订单进度跟踪、合同履约提醒、节能减碳减排合规审查、安全生产跟踪预警、流动资金周转调控"等生产与经营一体化场景的数据新算法开发，可以使智能生产与经营的方式得到创新；通过系列开发"插单智能排产、动态调度管理、产供销智能协同"等管理场景数据的算法，可以促成智能管理系统方法、体系等的创新；再通过治理场景数据的算法，可以渐次有序地开发智能监管、智能评价、智能治理体系，并实现工厂的智能化治理体系与体制的创新。

只要针对生产、经营、管理、治理等场景智能化，洞察业务数据运作的内在逻辑，就能全面推进人工智能应用的创新，使智能生产年年上台阶，智能运营年年有创新，智能管理年年有提高，智能治理年年有进步。

（6）需要抓好智能化技能培训与先进文化建设

智能化技能培训是让数智工厂发挥作用的前提。企业应广泛动员员工积极参加适岗技能培训，养成遵守智能化技能操作规范、智能化管理制度的习惯。企业领导干部应带头学习智能化技能、带头遵守智能化管理制度，以身作则地带领员工加强企业的数字文化、数智文明建设。

上述六项任务是实现企业数智工厂运营模式转型的必备条件，每一项都至关重要：建成工厂数据生态体系是基础，创新工厂智能化运营方式是主线，深化智能化管理体制改革是驱动力，创新智能化治理体系与体制是保障；同时，加强员工适岗技能及数智文化建设尤为关键，因为这关乎每位员工的智能化素养和执行智能制造转型的自觉性，以及管理者对智能制造转型的决策能力和前瞻性视野。

完成上述六项任务是一个长期的复杂的系统工程，不可能一蹴而就，需要将"长规划"与"短安排"相统筹，步步为营，扎实推进。

5.1.2　数智工厂建设和运营模式转型的"三步走"升级法

（1）六项任务的推进逻辑

实践证明，六项任务的实施是根据以下内在逻辑推进的：工厂的数据生态体系建设是根据工厂的产品制造、销售、创造利润的履行职能要求推进的；数智工厂的运营方式创新是跟随数据生态体系建设的进程推进的；工厂的智能化管理体制改革是跟随运营方式创新的进程推进的；工厂的管理体系创新是跟随智能化管理体制创新的进程推进的；员工使用的"小程序软件+指令数据集/执行指令结果报告数据集"的应用开发是随同数据生态体系建设进程推进的；人工智能应用的开发是随着场景数据生态系统建设的进程推进的。总而言之，工厂数据生态体系建设的进程是决定其他五项任务进展的根本前提与依据。

如果我们把数智工厂分为初级、中级、高级，那么根据上述六项任务的推进逻辑，工业中小企业数智工厂数据生态体系建设任务的计划推进可以如下：初级数智工厂需要完成大部分生产领域数据生态系统，破解同行业影响企业生存、制约利润增长共性难题的全部数据生态系统，部分管理（即生产与销售管理）数据系统，以及部分管理与治理数据系统的建设任务。这是由初级数智工厂首先必须完成减碳减排任务，承担产品制造、产品销售、创造利润的使命特点决定的。它与中级数智工厂、高级数智工厂的数据生态体系建设的任务相比，内容是有所不同的。

完成破解在细分行业中影响企业生存与制约利润增长共性难题的数据因行业共性难题不同，数据生态系统的建设任务的内容亦有所不同，如表5-1所示。

表5-1　数据生态系统的建设任务

类别	行业共性难题	案例	解决共性问题方案
高污染的传统印染行业	①确保污水排放达标；②解决规模定制时间长、成本高、回款慢等影响利润增长的问题	长兴县的浦鑫家纺数码印花工厂	建成50台相匹配的数码印花生产的数据生态系统，采用个性化定制的方式，实现了近零排放，以及企业提质降本减排增效
代加工的轴承行业	①轴承加工影响进度的因素多，交期不确定；②轴承加工质量不稳定	新昌县的轴承代加工的工厂	建设生产领域的数据生态系统，实现加工进度的可视化，加工质量的可追溯
与房地产小区开发配套的工程木门加工行业	①门框架、门面板加工进度、产量不协同；②在工程门包装中错配多	江山市的亿美达公司	建设门框架、门面板数字化生产线与数采系统，实现门框架与门面板的协同生产与数字化包装，提高包装的齐套率
产品组装类行业	①传统采购方式差错多，齐套率低；②零配件由人工负责存储配送，易发生错配	永康市的电动工具组装工厂	建设数字化采购管理数据系统，提高1000多个零配件齐套采购的准确率；建设零配件智能仓库与智慧工厂生产物流系统

（2）关于初级、中级、高级数智工厂

完成上述六项任务是分阶段渐次推进的，这就决定了工业企业，尤其是中小企业的智能制造转型是沿着初级、中级、高级数智工厂逐阶升级的。

1）初级数智工厂是指基本完成生产领域数字生态系统建设任务，实现生产数据、销售数据、解决行业急需解决的共性问题数据等一体化运营的智能工厂。这是入门级的数智工厂。初级数智工厂可采集50%左右的数据，开发30%左右的数据价值。

2）中级数智工厂是指在生产领域全面完成数据生态系统建设任务的基础上，进而基本完成管理领域与治理领域的数据生态系统建设任务，并基本实现生产数据与管理数据一体化运营的、数字化治理的智能工厂。中级数智工厂的建设与运营是在初级数智工厂建设与运营基础上，根据数智工厂生产与经营模式升级的内在逻辑推进的。因此，中级数智工厂是初级数智工厂的升级版。中级数智工厂需推进行业数据底座与云平台的建设，完成数智工厂生产与管理系统80%以上的数据接入，建成工厂操作系统，并完成企业近80%员工的云平台接入服务，使70%以上的数据价值得到开发与体现。

3）高级数智工厂是指全面完成产品设计（有这类任务的企业）、生产、管理、治理领域的数据生态系统建设任务（即全面完成企业数据生态体系建设任务）的工厂，是全面实现产品设计（有这类任务的企业）、生产、管理、治理数据的一体化运营、全员协同生产与协同服务的智能工厂。高级数智工厂的建设与运营是在中级数智工厂的建设与运营基础上根据现代工厂的建设与运营要求进行升级的。高级数智工厂要求100%完成工厂数据生态体系建设任务，完成100%员工的云平台接入服务，90%以上的数据价值被开发，并在提质降本增效上体现出企业效益来。

（3）初级、中级、高级数智工厂的边界与进阶路径

根据上述分析，初级、中级、高级数智工厂的边界与进阶路径可以用图5-2来描述。

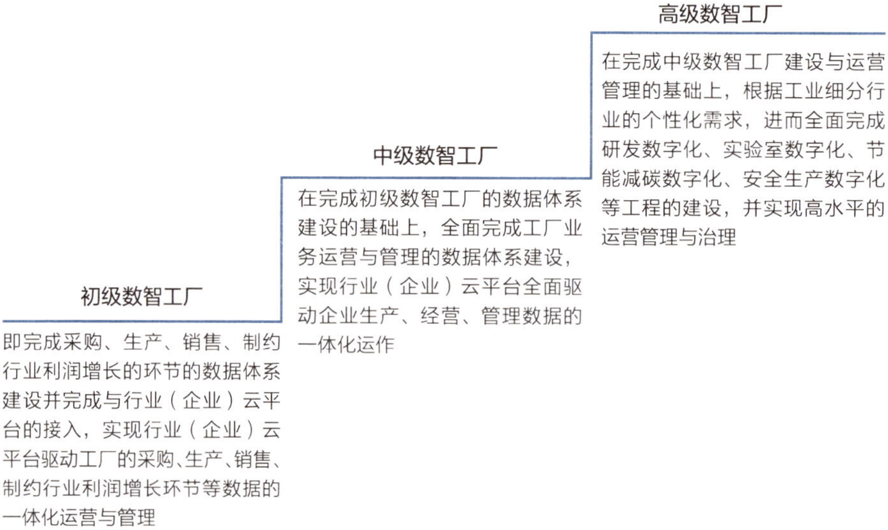

高级数智工厂

在完成中级数智工厂建设与运营管理的基础上，根据工业细分行业的个性化需求，进而全面完成研发数字化、实验室数字化、节能减碳数字化、安全生产数字化等工程的建设，并实现高水平的运营管理与治理

中级数智工厂

在完成初级数智工厂的数据体系建设的基础上，全面完成工厂业务运营与管理的数据体系建设，实现行业（企业）云平台全面驱动企业生产、经营、管理数据的一体化运作

初级数智工厂

即完成采购、生产、销售、制约行业利润增长的环节的数据体系建设并完成与行业（企业）云平台的接入，实现行业（企业）云平台驱动工厂的采购、生产、销售、制约行业利润增长环节等数据的一体化运营与管理

图5-2 初级、中级、高级数智工厂的边界与进阶路径

（4）初级、中级、高级数智工厂的实施方法与路线图

根据上文描述，初级、中级、高级数智工厂的实施方法及进阶路线可以由图5-3来表示。

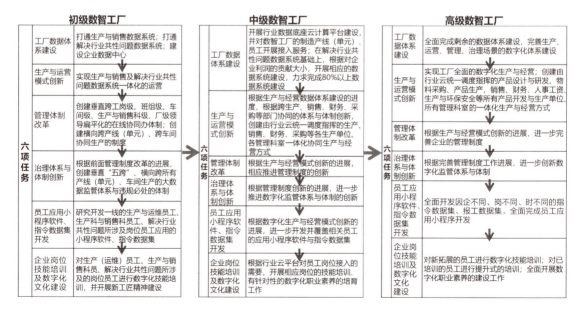

图5-3 初级、中级、高级数智工厂的实施方法及进阶路线

5.2　以细分行业建设初级数智工厂为主的学样仿样法

5.2.1　学样仿样的应用成果

所谓学样仿样法，是指在工业细分行业里抓出企业认可的初级数智工厂示范样本之后，工业中小企业自愿开展"仿照样本企业进行决策并找工业数字工程牵头总包商、仿照样本企业签订标准合同、仿照标准合同进行工程监管与验收结算"的推广方法。该方法自推行以来得到了来自工业中小企业、工业数字工程供应商、各级党委政府的认可，并在试验阶段取得了瞩目的效果。

（1）赢得了试点区域工业中小企业的认可

学样仿样法的优点在于简洁明了、便利可信。它之所以受工业中小企业欢迎，是因为它把眼花缭乱的概念转换成了数智工厂的组件，把难以清晰表达的任务转换成了中小企业能理解的合同"标的"，把数智工厂建设与运营复杂神秘的实践转换成了便于实施的操作方法，从而为中小企业带来了一系列的便利：①可学样仿样的决策便利；②可学样仿样找数字工程牵头总包商的便利与只找一家牵头总包商就能解决问题的便利；③可学样仿样签订合同的便利；④可学样仿样预测投入产出的便利；⑤可学样仿样进行监理验收的便利；⑥可学样仿样保障工程质量、发挥工程效能的便利；⑦可学样仿样保证工程寿命的便利；等等。在试点探索中，实践证明，学样仿样法实实在在地赢得了区域内工业中小企业的认可。

江山门业产业起步于 2000 年左右，目前已形成了以江山欧派门业股份有限公司为龙头、300 多家（其中规上企业 95 家、亿元以上企业 14 家）中小型木门企业的产业集群，实现年产值 140 多亿元，年产木门 2000 多万套，占国内木门市场的 1/5。从 2019 年下半年开始，江山花了半年多时间在纳成家居公司、亿美达门业公司、齐嘉公司 3 家不同产业规模的企业进行初级数智工厂样本建设的试点。2020 年至 2021 年又花了近两年时间进行学样仿样推广，现已完成了 43 家木门企业初级数智工厂改建。

兰溪的棉纺织行业产值占全市工业总产值的 36%。从 2019 年开始，该市的棉纺织行业花了近一年时间在 9 家不同规模的棉纺织企业开展初级数智工厂样本的改造示范，取得成功后又花了两年时间进行学样仿样推广，现在已完成 46 家规上棉纺织企业的初级数智工厂改造与运营。

长兴夹浦的 10 个行政村有家庭织机户达 1500 多户（即 1500 多家小微型企业），累计织机近 3 万台。目前，通过家庭织机入园（小微型企业园区）、建设初级数智工厂示范与建设智能化纺织小微企业园区示范的"双样本示范"，再通过学样仿样法，全镇 1500 多家小微型家庭纺织企业、近 3 万台织机全部入园，并实现了智能制造转型。同时，通过智能化纺织小微企业园区的建设，园区又形成了"大企业接单＋家庭织机户代加工并独立核算＋云平台第三方大数据计产计绩计酬"模式，实现了纺织工业中小微企业基于园区云平台"服务模式＋组织模式＋管理模式"的"三结合"创新，重构了"园区云平台企业＋中小微型企业"的"双主体经营"模式。长兴夹浦镇的"以小微企业园区集聚家庭织机户＋智能化的工厂＋智能化的园区"的改造模式：①解决了家庭织机户噪声扰民与仓库、生产、住宿三合一导致的火灾防控难等老大难问题；②保住了每个家庭织机户每年 30 万～50 万元的收入，保证了农民的共富发展；③实现了家庭纺织行业绿色化、集群化的发展，生态环境部官方微博发文对此表示肯定。

目前，永康电动（园林）工具行业已拥有生产和配套企业 1200 多家，每年生产总产量达上千万台，涵盖了 50 余类近千个电动园林工具系列产品。2021 年规上总产值达 145 亿元，成为永康五金现代产业集群的重要支柱之一。2021 年，永康电动（园林）工具组装行业开始学习江山市木门行业的初级数智工厂样本、学样仿样法，经一年多的努力，完成了 10 家电动工具企业的初级数智工厂样本建设与示范工作。2022 年 7 月，永康电动工具组装行业有 20 家工业企业主动要求在自己的企业启动学样仿样推广工作。

　　宁波是浙江的模具制造基地（宁波工商登记注册的模具企业有4087家，规上模具企业有168家，全省45%的模具在宁波生产），囊括了塑料、冲压、铸造、锻压、橡胶、粉末冶金等在内的轻重工业所需模具的设计与生产，其中，宁波北仑区的压铸模具产值占全国压铸模具总产值比重超过50%。2019年开始，北仑区在不同种类与规模的4家模具制造企业间开展初级数智工厂样板示范，2020年后，启用学样仿样法，现已完成51家模具企业初级数智工厂的改造与运营。这一批模具制造初级数智工厂的成功转型，又推动了乘用车工业的轻量化进程，使铝合金+塑料的乘用车底盘、车身结构件、仪表盘塑料件、座椅组件等零部件实现了轻量化。

　　新昌是中国轴承之乡（2010年中国机械工业联合会命名），有着50多年的轴承产业发展史，现已形成成品轴承生产企业、配件生产企业和代加工生产企业200多家，从业人员达3万人。2021年，新昌轴承行业实现总产值120亿元，其中规上企业产值92亿元。新昌轴承工业中小企业智能制造转型经历了两个阶段。① 2017—2019年是智能化生产线样本改造阶段。新昌与浙江陀曼智能科技股份有限公司（以下简称陀曼公司）分别承担50%经费，以试点免费的方式，开展了部分生产线的智能化改造样本示范工作，继而在试点企业的所有生产线推广，初步取得了学样仿样推广的成功。② 2019年以后，新昌又在普佑机电科技有限公司等企业开展了初级数智工厂样本建设的试点，在分别提炼不同类型企业的不同数智工厂样本改造模式之后，通过学样仿样推广，新昌现有198家轴承企业已完成了初级数智工厂改造。同时，陀曼公司还将此模式推广到浙江其他县（市、区）乃至浙江省外，完成了260多家轴承中小企业初级数智工厂的改造工作。

　　上述县（市、区）的实践表明，在浙江东部、西部、南部、北部、中部等各个区域中，都有县域开展做初级数智工厂样本、学样仿样法的试点，赢得了试点区域中小企业的认可。对学样仿样法来说，赢得工业企业的认可是第一位的。

　　仅3年左右的时间通过学样仿样就能将初级数智工厂的样本推广到数

十家企业，在工业中小企业智能制造转型发展初期，这样的推广速度与绩效是非常值得肯定的。过去的企业信息化的推广模式均为一个企业一个项目分次进行的。工业企业引入一个排产软件与生产管理软件，一般都要经过半年到一年的反复学习训练，才能完成理解消化并投入使用；一个ERP软件的引入，一般要工业企业的员工经过1~2年的学习理解、培训与实训，才能顺利使用，而且一般仅能掌握并用好60%左右ERP软件的功能。

与工业企业过去的各种推广模式相比，学样仿样法虽然在初级数智工厂样本建设与示范上要花一年以上的时间，但它是将五六个相关联的、具有"细分行业智能化改造公约数"的项目一起捆绑实施的，通过学样仿样推广一次可以推广到数家工业企业，其推广效率与绩效是过去的推广模式不能相比的。

（2）帮助中小型工业数字工程牵头总包商与服务商走出困境

学样仿样法还让中小型工业数字工程承包商与服务商获得了"接单"与活下去的机会，并且为它们今后的发展壮大创造了条件。

现在我国已形成两类截然不同的工业智能化工程与服务市场。第一类是制造业大公司、大集团企业的市场。这类市场的特点是"三有"：①有钱投资，每家数智工厂的每次改造可承担几千万元咨询分包服务与上亿元的数字工程分包投资；②有技术集成能力，它们因为自己有信息技术集成团队而不必担心数字工程分包会产生数据孤岛；③对智能化的供应商对象有特定的要求，即它们都是找国际或国内的著名咨询服务大公司与数字工程大企业来进行分包与服务的。第二类是工业中小微企业的市场。这类市场的特点如下：①每家数智工厂每次咨询服务只能花几千元、几万元；②每次智能化工程改造只能花几十万元，最多是几百万元；③要求由数字工程牵头总包商来牵头总包。形成这些特点的原因是它们自己没有信息技术团队，无法承受因多次分包带来的数据孤岛与推倒重来再集成改造的投资风险。因此，能承接它们业务的只有国内中小型的工业数字工程咨询服务公司与中小型的智能化工程牵头总包公司。这类中小型的咨询服务公司与数字工程牵头总包公司如果不承接工业中小微企业的业务，就会陷入没有业务可接的状况，还会失去今后成长的机会。可以判断，今后 10 到 15 年，在我国工业企业的智能制造转型过程中，这两类不同的市场都会延续"大对大、小对小"的供需匹配模式，工业中小企业智能化工程与服务市场在很长一段时间内会呈现供需"小对小"的状态。

在做好初级数智工厂的样本、加快学样仿样法推广的过程中，中小型的数字工程与数字咨询服务企业终于找到了解决接单难的方法与让自身活下去的出路。

从事木工企业自动化及智能化改造 20 多年、具有丰富实践经验的南京金鹊软件科技有限公司（以下简称金鹊公司），自觉加快了向工业数字工程牵头总包商的转型，主动联合跃通、舒平、豪德等木工数控设备制造厂商，以及衢州集鱼网络科技、衢州自胜软件科技有限公司等工业软件分包商，还有新易咨询服务商、南京智程信息科技有限公司等智能化岗位技能培训商，创造了由金鹊公司"一家牵头总包、各家参与联合分包"的商业模式，既解决了各自给工业中小企业做分包项目造成数据孤岛的风险，又为工业企业提供了"只找金鹊一家牵头总包商打交道"的方便，更重要的是为自己找到了"一家牵头总包、各家参与联合分包、共同接单的模式"，实现了可持续的订单共享、可持续的共同成长。

金鹊公司在江山成立规模较小的分公司之后，在江山木门制造企业自觉选择学样仿样法的带动下，2021 年至 2022 年 8 月就连续承接了江山木门制造企业 26 个工业数字工程牵头承包单，总金额达 1512 万元（不包含联合分包商的合同金额），每人年均接单 50 万元左右，与 2021 年全国工业全员劳动生产率（14.6 万元/人）[1] 相比，工业企业更好。同时，还有外地的木门制造企业纷纷慕名而来邀请金鹊公司去牵头总包它们的工程，彻底改变了金鹊公司过去难以签下合同的状况。另外，由于在同行业推行学样仿样

1　国家统计局. 中华人民共和国 2021 年国民经济和社会发展统计公报 [EB/OL]. (2022-02-28)[2023-12-01]. https://www.stats.gov.cn/sj/zxfb/202302/t20230203_1901393.html.

法，金鹊公司木门行业软件的复制成本大幅度下降，工程实施人员的熟练程度不断提高，由此获得了越来越多的利润，企业员工对企业发展前景的信心进一步提高，凝聚力进一步增强。

在金鹊等公司的带动下，宁波创元信息科技有限公司（从事模具行业智能化改造）、中才邦业（杭州）智能技术（从事水泥建材行业智能化改造）、浙江陀曼智能科技股份有限公司（从事轴承行业智能化改造）、浙江致拓智能科技有限公司（从事服装行业智能化改造）、杭州科强信息技术有限公司（从事注塑行业智能化改造）、南京维拓科技股份有限公司（从事电动园林工具行业智能化改造）、杭州迈的智能科技有限公司（从事服装行业智能化改造）等一批企业纷纷牵头总包做初级数智工厂的样本，通过学样仿样法扩展接单规模，取得了比较明显的绩效。如中材邦业在水泥制造行业 2021 年承接了 38 个项目，累计合同额为 2.8 亿元；2022 年 1—8 月承接了 37 个项目，累计合同额为 2.13 亿元。

（3）获得各级党委政府及经信等部门的肯定与推广

浙江在区域工业细分行业中小企业推行学样仿样法，首先得到江山、兰溪、长兴、北仑、永康、新昌等县（市、区）党委政府及经信等部门的肯定与欢迎。继木门行业之后，江山已经向化工、塑胶行业推广，并取得了积极的成效。

2020 年，宁波市政府在北仑区召开现场会并颁发文件，推广北仑区与创元信息公司联合创造的"做好样本、学样仿样推广"的经验。

2021 年，浙智专委总结提炼浙江工业细分行业中小企业学样仿样法之后，时任浙江省委书记袁家军作出了批示，省政府副省长卢山同志对推广此法提出了明确的要求。2022 年 7 月 8 日，省政府办公厅专门颁发了文件《推进细分行业中小企业智能化改造行动方案》（浙政办发〔2022 年〕45号），卢山副省长在江山主持召开了现场会，部署了进一步在全省推广此法的工作。近几年，浙江各地都在积极认真地贯彻落实。

学样仿样法是具有中国特色的跨越信息化的工业智能制造转型的道路。

从浙江的初步实践与经验看，学样仿样法不仅不会止步于浙江部分地区，而且不会停留在当前的水平。我们认为，在更大范围内形成对学样仿样法的思路共识，就可以发挥"思路决定出路"的优势；更大面积推广学样仿样法，能发挥工业中小企业数字工程与服务超大市场的规模优势（我国工业数字工程与服务超大市场的规模优势在于占90%以上的工业中小企业）；充分发挥学样仿样法优势，能大批培育并促进工业细分行业的数字工程牵头总包商、行业云服务牵头集成商、智能化咨询服务商的高质量发展，并形成工业数字产业供给生态新优势；充分发挥学样仿样法的优势，能抢占工业数字工程科技与工业人工智能应用创新的制高点，并实现应用模式、组织管理模式、新型商业模式、新型治理模式等一系列的创新，引领智能化制造产业链、智能化供应链的全面创新。

5.2.2　打造初级数智工厂样本——学样仿样关键一步

推行学样仿样法的前提是要有让工业中小企业自觉自愿学的样本。因此，要把做好样本摆在首要的位置。第一，要明确目标要求。①要以工业中小企业自觉自愿学为目标；②要以可学样仿样推广、可"试成一批、带动一片"为目标。第二，要让不同产值规模的企业都有可学的样本。江山木门行业在样本试点示范中，有意识地选择了年产值2000万元的浙江纳成家居有限公司、年产值5000万元的浙江亿美达门业有限公司，以及年产值1亿以上的浙江齐嘉消防科技有限公司作为样本，从而为不同产值规模的企业提供了可以学、能仿照的样本。第三，要让刚起步的企业有可以学习仿照的样本。这个样本就是初级数智工厂的样本，有符合"细分行业需求公约数"内在要求的基础样本。这就是打通产品制造、产品销售，破解制约行业利润增长及环保等共性数据难题，能实现数据驱动生产、销售、减排减碳，实现同行业利润明显增长一体化运营的样本。第四，要有实现稳定、安全运营、可放心的样本。这个样本不仅应是智能化建设（含改造）的样本，而且是稳定、安全运营初级数智工厂的样本。

好样本的标准是能实施、可实现、可让企业放心。标准的实施分强制性、指导性、引领性等类型。初级数智工厂好样本的标准是既包括强制性又包括指导性的标准。其中的强制性是企业为了自身利益而自愿接受并以合同要约承诺作为前提的。为了强化好样本标准的实施，我们创建了"标准合同+附件（$N+X$清单）"模式。其中，N是必须完成"细分行业需求公约数"要求的"工厂数据体系主架构"建设任务与必须完成工业中小企业六项要求公约数的任务，通过签订标准合同时双方的承诺，具有强制性；X是根据企业需求选用的个性化服务，具有指导性。

（1）六个维度刻画样本要求

初级数智工厂好样本是有标准的，这个标准其中之一就是"中小企业需求公约数"。我们把这个"中小企业需求公约数"概括为六个要求。

1）投得起。要从新冠疫情带来的工业中小企业盈利减少、投资能力减弱的实际出发，把智能化改造放在优先的地位，如青岛红领服饰工厂可以先智能化后自动化。一般一个初级数智工厂的智能化改造投资（不包括装备投资）约在几十万元，最多亦只有一两百万元。

2）起步好。即初级数智工厂样本第一次改造的起步要好。第一次智能化样本的改造可以从"打通产品生产、产品销售，破解制约行业利润增长及环保等共性难题的数据"做起，完成工厂数据体系主架构的建设，实现数据驱动生产、销售、减排减碳，促进行业利润增长的一体化协同运营。其中，"破解制约行业利润增长及环保等共性难题"是"细分行业的最大公约数"。

3）回报高。初级数智工厂建设完成后，要有较明显的利润增长；智能化改造投资的性价比高，一般在一年内可收回投资，最长不超过两年。

4）工期短。初级数智工厂兼顾工业企业日常生产经营与企业智能化改造，要求智能化改造工期对企业日常生产经营影响较小。实践中，智能化改造工程的工期控制在三个月左右较为理想。

5）用得好。初级数智工厂建设完成后，要避免员工不会使用软硬件、不熟悉软硬件操作流程等状况发生。因此，要强化员工的智能化适岗操作技能的培训与实训，让已改造的工厂数据体系主架构发挥出正常运营的效能。

6）有保障。即工厂数据体系主架构能够稳定、安全、可靠地运营，不发生或极少发生停机、停线、停运等维修的情况。对策是建立工业数字工程总包商至少一年的免费维保制度。

（2）样本工厂数据体系架构

中小企业适合走从轻量化多模块到轻量行业化多模块的发展路径。这样的特点是中小企业没有数据孤岛，能够形成快速应用，同时推进企业管理转型提升。中小企业避免一开始就应采用专业化少量模块的重度应用，否则会导致后期整体上构建智能制造转型存在重度依赖，数据耦合的孤岛问题突出，而且前期投入过大。因此，建立工厂科学的数据体系架构十分重要。其中，因为只有将其用于"打通产品生产、产品销售、破解制约行业利润增长与环保等共性难题的数据，驱动生产、销售、减碳减排，才能促进行业利润明显增长的一体化运营"。

1）关于构建生产领域的数据生态系统。兰溪行业云平台主导的纺织工厂数据运营体系如图 5-4 所示。构建生产领域的数据生态系统一般是指建设"两个智能化制造单元（单机、多机制造单元）、两种类型智能化生产线（制造产线与生产物流线）"和"一个从物料→半成品→成品的扫码数采系统"。

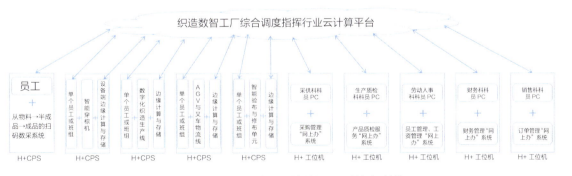

图 5-4　兰溪行业云平台主导的纺织工厂数据运营体系

2）关于破解制约行业利润增长及环保等共性难题。制约行业利润增长及环保等共性难题是指必须要完成破解在细分行业中影响企业生存与制约利润增长等共性难题的数据生态系统的建设任务。因不同行业的共性难题不同，数据生态系统建设的任务亦有所不同。

（3）关于创建数据驱动的生产、销售、减排减碳，破除制约行业利润增长与环保等共性问题的一体化运营方式

破解共性问题的一体化运营方式如表5-2所示。

表5-2 破解共性问题的一体化运营方式

细分行业或企业的类型	举例	需解决的共性问题	数据驱动生产、销售、解决共性难题等业务一体化运营方式的建设任务
个性化定制行业	服装制造行业	①"冬衣夏做、夏衣冬做"流行款式预测难的难题；②库存大、时间长、财务成本高等难题	服装的个性化设计；数字化的排版与剪裁；智能生产；在线质检；包装、成品仓储与物流快递的数字化协同
高能耗高污染行业	水泥制造业	"污染大、能耗高"等物料供给、生产、排放处理、余热再利用等突出难题	绿色矿山、物料与产品的绿色物流（如水运与电气化的皮带运输）、绿色制造、对粉尘余热的数字化处理与再利用
模具生产行业	模具生产工厂	①上万个模具零配件外协生产与自加工之间协同的困难；②零配件仓储管理的难题；③模具在组装生产中易发生错装并影响交期的难题	建立健全外协与自加工的数字化管理系统、智能仓储系统、生产精准配送系统、智能验模与快速反应修模系统

大多数区域工业细分行业对初级数智工厂样本第一次建设的要求是：针对产品生产、产品销售、破解制约行业利润增长及环保等共性难题，建设好工厂数据体系主架构，实现数据驱动生产、减碳减排、销售、利润增长的一体化运营。其中，贯穿"生产+减碳减排+销售+破解制约行业利润增长及环保等共性难题"的工厂数据体系主架构，其实就是工厂数据体系的"四梁八柱"，因为工厂的主要任务就是"生产产品、销售产品、依法履行

环保责任，并合法合理地创造利润"。同时，工厂的管理、服务、治理领域的数据生态系统都是依托上述"工厂数据体系的主架构"建设并成长的。

同时，对初级数智工厂第一次建设的要求是智能化运营，即要经历数据驱动生产、销售、减排减碳，破除制约行业利润增长与环保等共性难题的工厂数据体系主架构一体化运营的考验。初级数智工厂的建设不是目的，实现数据驱动生产与经营业务数据一体化运营，并实现提质降本增效才是目的。学样仿样法尤其适用于工业细分行业与中小企业。这是因为在同一个工业细分行业数智工厂内含的工艺生产技术、设备运维与操作规程、企业经营管理知识、工厂业务数据运作机理是基本一致的。

5.2.3　一套市场化的改革举措——学样仿样实施保障

做好样本亦要讲究方法和技巧。这套方法和技巧就是充分发挥市场机制作用的方法和技巧，就是要推行市场化的招投标制、牵头总承包商公选制、"标准合同+附件（$N+X$清单）"规范制、工程监理制、工程验收制。

（1）公开招标，牵头总包商要进行公选

长期以来，数智工厂建设涉及工业自动化工程公司、工业软件公司、企业管理软件公司、工业装备安装工程公司，以及工业云平台服务公司等供应商，它们各自分包工业中小企业数智工厂建设中的一部分工程业务，导致"九龙治水"格局，使缺乏技术集成能力的工业中小企业内部数据孤岛丛生、数据体系分割、数据只能局部运行，工业中小企业苦不堪言。

综上所述，江山在木门工业初级数智工厂示范样本的建设中，一是进行了初级数智工厂样本建设方案的公开招标；二是对初级数智工厂样本建设的牵头总包商进行了公选。这两项举措是保证样本建设消灭数据孤岛的重要举措。通过对五个初级数智工厂样本建设方案的公开招标评标，对五家牵头总包商进行竞争性比选，最后由金鹊科技公司一家胜出。这样做推动了智能化改造样本相对优秀方案的产生，又公选了大家公认的牵头总包商，并由此产生"金鹊公司牵头总包，木工数控设备厂商、工业软件分包商、

智能制造转型咨询服务商、培训服务商等参与联合分包"的新型战略合作关系，提升了工业数字工程承包商的战略协同竞争力。

此外，择优公选有两种方法：①优中选一，即公选结果被认定为最优的方案和总包商入选（仅是评审认定，并无实践效果支撑），其他方案和总包商被淘汰；②优中选多，允许多个较优秀方案和总包商入围并存，由企业自主选择最终方案和总包商。两种方法各有利弊，前者偏于垄断，后者偏于竞争，效果也可能有巨大差异。实施时，具体采用什么方式，需要慎重考虑。

（2）"标准合同＋附件（$N+X$清单）"模式

从实际调研的情况看，过去相当数量的数智工厂建设工程的承包合同存在着如下瑕疵。①合同标的表述含混。对显性（硬件）工程尤其是隐性（软件）工程及技术难度大的复杂工程描述不明确、界限不明晰。②工程造价预算编制依据不足、不透明。存在着虚报乱报滥报、与工程标的不相对应的情况。③对企业内部数据体系建设与工程质量要求表述不清。对于前者，大多数合同回避消除数据孤岛、打通数据体系、满足用好数据要求等问题；对于后者，"软件"类等隐性工程缺乏质量达标与稳定、安全、适用等规范。④缺乏对员工应知应会操作的技术培训与实训等相应内容。⑤缺乏对数智工厂建设工程免费维保期的承诺。

为了切实解决工业中小企业数智工厂建设普遍存在的任务标的不清晰、造价不透明、工期较随意、培训与实训不落实、免费维保没承诺等合同不规范问题，江山市政府分管领导在浙江省智能制造专家委员会的指导下，亲自组织，邀请智能制造专家、木门工业中小企业代表、木门工业行业协会代表、律师事务所代表等一起反复调研与协商，编制了初级数智工厂建设工程项目、工期及工程款价格的"6+X"清单，作为标准合同的附件。同时，还编制了江山木门工业中小企业初级数智工厂建设标准合同（亦称样本合同），这个标准合同既明确了初级数智工厂好样本建设六项达标的要求，又与"6+X"清单一起，共同为规范合同标的与造价、工期、监理与验收结算、不可抗力问题的处理提供了具有法律效力的依据。实践证明，"N+X"清单为中小企业提供了公开公平透明交易"点菜式"服务的便利，规范的标准合同与附件则为中小企业提供了令人安心的法律保障。"标准合同+附件（N+X清单）"模式成为标的清晰、造价透明、工期明确、保障运营充分、免费维保落实、工程质量放心的标配，受到了工业中小企业智能制造转型市场供需双方的欢迎（见表5-5和表5-6）。

表5-5 江山木门行业六项必需的共性工程标的、价款、工期的清单

序号	必选模块	功能	总价/万元	工期/工作日
1	自动拆单	工程单导入和查询、零售单录入和查询、工程门一级拆单、零售门一级拆单、拆单基础资料管理	1	1
2	原料管理	原材料编码、原材料出/入库管理、原材料库存盘点、呆滞料预警	2	2
3	设备物联	设备数据实时采集、设备综合效率分析、设备维保管理异常设置、异常呼叫、异常处理、异常跟踪	3	3
4	进度跟踪	工单编制和分派、工单报工、工单进度查询、工艺基础资料管理	4	4
5	精准包装	成品包装、成品出/入库、呆滞成品预警	5	5
6	四级报表	高层报表/看板/微信推送、部门经理报表/看板/微信推送、车间报表/看板/微信推送、工人报表/微信推送	6	6

表5-6 江山木门行业"X"项可个性化适配的工程标的、价款、工期的清单

序号	可选模块	功能	总价/万元	工期/工作日
1	采购管理	采购单管理、采购进度管理、供应商管理	5	10
2	质量管理	质检标准配置、首检/巡检管理、质检报告	5	10
3	扫码加工	电子裁板锯接口：通过给电子裁板锯加工清单，让电子裁板锯的板材优化软件达到比较高的板材切利用率。门扇生产线扫码加工（含一条生产线）：将加工信息集成到二维码中，自动线通过扫描门扇上的二维码信息，调用尺寸、锁孔、合页等信息，实现柔性加工	15	30

续表

序号	可选模块	功能	总价/万元	工期/工作日
4	文档管理	产品文档管理、设备文档管理	5	10
5	数采监控	工艺采集、工艺预警、数采监控记录	依据具体设备数量商定	
6	生产管理	部件条码化管理、生产部件分类批次、产品追溯、工序产能负载监控、人员技能管理	30	60
7	简易财务管理	应收款管理、应付款管理、其他收支管理、开票管理	5	10
8	限额算料	二级物料清单建模、限额用料参数化建模、自动生成订单用料单	15	30
9	报表系统	高层报表定制、部门经理报表定制、车间管理报表定制，详细报表依据实际需求而定	另行商定	
10	定制开发	定制开发服务		

推行初级数智工厂样本建设"标准合同+附件（N+X清单）"模式，能依法规范市场主体行为，有效杜绝数智工厂建设的模糊合同、数据孤岛的半拉子工程，以及在隐性工程中偷工减料的"豆腐渣"工程，实现初级数智工厂样本建设的达标，从法治的角度为工业中小企业智能制造转型市场保驾护航。从经济学角度，这一模式还降低了市场原有的风险与在工程承包协商谈判、合同履行过程中的成本，极大提升了市场交易效率，调动了工程发包方与承包方的积极性，较好地保障了工业中小企业学样仿样法的推行。

同时，我们还要注意，N+X模式涉及"功能""价格"和"工期"，由于每一个企业的现实基础不可能完全一致，因此，即使是实现一样的"功能"，也不可能以一样的"价格"和"工期"完成。综上所述N+X模式的"标准合同"对统一定价问题需要慎重考虑，应给出符合实际、切实可行的实施方案。

（3）智能制造转型工程监理制

1）对初级数智工厂样本实行监理制是确保样本质量的必要措施。保证初级数智工厂样本建设的达标，必须实行建设过程的监理制。推广监理制必须坚持三项原则：①对初级数智工厂样本示范类的工程项目，必须依照工程承包合同进行工程监理；②必须实行第三方监理，以保证监理的公正性；③监理公司或监理单位必须对工业企业的业主负责，并承担相应的监理责任。中小企业在实施第三方监理时，可以委托给第三方监理公司进行，亦可以委托给具有监理能力并能履行监理责任的第三方组织或机构进行。

2）对初级数智工厂样本建设与学样仿样推广中的监理，可根据实际情况进行。目前，鉴于工业数字工程监理公司十分稀缺的实际，监理工作既要坚持为业主把关，又要从实际出发。①把初级数智工厂样本建设的监理作为公共服务的内容。根据工业企业的委托，由经济和信息化部门提供免费服务的方式进行。如江山由经济和信息化部门成立智能制造服务中心，由智能制造服务中心免费进行监理，但免费不能免除承担监理的责任。②在实施学样仿样法的过程中，对工业企业规模小、数智工厂建设等相对简单的工程项目，可以在工程验收中兼顾监理工作。

（4）政府把好验收关

1）对初级数智工厂样本验收是确保学样仿样推广成功的前提。政府及工信部门主导的初级数智工厂的样本，一定要秉持为同行业面广量大的工业中小企业认真负好责、把好关的精神。如果把不达标的数智工厂作为学样仿样推广的示范样本，则会产生很大副作用。危害之一是无意之中推广了有水分、含有虚假绩效的样本，造成了对同行业同规模工业中小企业的误导，损害了工业企业的利益。危害之二是意味着政府为低水平的数智工厂建设的工程总包公司"背书"，这将对政府造成负面影响，损伤政府的公信力。危害之三是败坏了学样仿样法的名声，阻碍了正常的学样仿样推广进行。着力推广初级数智工厂示范样本验收制，是政府负责任的体现。

2）政府在初级数智工厂样本示范验收中要坚持以下三条原则。①必须贯彻先验收、再择优确定示范样本的原则，切不可把试点企业统统树为示范样本。②要在科学评价验收上下功夫。科学评价验收一定要依照标准合同来进行，确保符合示范样本的标准。③要把住验收的时间节点。要克服急于求成的想法与做法。在刚刚完成初级数字工厂样本工程建设时，就开展验收并进行推广工作，这是不可行的。因为初级数字工厂建设完成投入运营后，是否达到预期效果，数据运行体系与应用软件及工厂硬件系统是否能安全可靠运转且适用、好用，全体员工是否已具备熟练使用本岗位的适用软件、智能化指令及其操作规范等素养，这些都需要经受试运行的实际检验。因此，验收期最好在初级数字工厂投入运营的一年以上，至少不能少于半年，必须接受数字工厂建设前后业绩对比的考验，初级数字工厂的软硬件工程必须接受系统性、适用性、稳定性、安全性和实际运行的考验，示范样本的推广工作必须要用客观翔实的数据、良好的绩效、安全可靠的数智化系统来说话。

（5）用绩效数据来说话

初级数字工厂样本的数据运营体系的稳定性、安全性、可靠性，要经受一定时间的实践检验。政府主导的初级数智工厂样本，要在获得一年（至少半年）对比数据之后，再用绩效数据说话，要坚持以理服人、以绩效数据服人。

在实践中，如何树立"示范样本"，需要慎重考虑。这里涉及企业的共性问题和个性差异，同样的方案和总包商实施一批企业，结果必然有差异，好差结果也未必由方案和总包商主导，企业的个性差异和实施过程中出现不可预料的变化，均可能导致绩效的差异，因此仅以绩效来评价方案和总包商，甚至评价是否应树立为示范样本，也须慎重。

5.3　供给侧"建、转、用"并举促进平台化，构建"平台＋数智工厂"的智能制造体系

从工业 1.0 到工业 3.0，人类构建了以"计划方式运作的企业（工厂）＋市场机制运作的供销市场"为架构，两种资源优化配置方式有机结合的工

业产供销体系。随着数字化、网络化、智能化的发展，资源优化配置的工具和手段被改变，将构建以"平台＋数智工厂"为架构的智能体制体系，或称为工业 4.0 阶段。目前，我们正处在"初级数智工厂＋数智化改造平台"的建设阶段，可以将其称为工业 4.1 阶段，今后，随着数智工厂和平台的不断迭代优化，将向工业 4.2、工业 4.3 不断演进。为此，我们有必要厘清关系、梳理思路，寻找比较好的建设和演化的方法与路径。

5.3.1　智能制造体系建设需要厘清的一些重要关系

（1）智能制造是控制与优化手段的进化

不论是企业的计划生产，还是供销的市场运作，实质均是对企业运营和资源配置的控制与优化。从工业 1.0 到工业 4.0 发展的过程，可以说是控制与优化方法不断改进的过程。

在工业 1.0 和 2.0 阶段，对应的是机电控制和机电一体化控制方式，处在第Ⅲ象限，如图 2-1 所示。在工业 3.0 阶段，主要是软件控制，信息化和软件硬件一体化构成的自动化，处在第Ⅳ象限。工业 4.0 或智能制造将进化到以网络平台和人工智能为主的控制与优化阶段，处在第Ⅰ象限。第Ⅱ象限是网络平台控制的消费互联网。

从控制与优化的范围、响应速度和确定性程度来分析，每种控制与优化的手段对应的应用场景不同。机电控制适用于范围小、响应慢、确定性高的场景，如各类机械设备等硬件；软件控制适用于范围小、响应快、确定性高的场景，如自动化装备、数控装备、加工中心；网络控制与优化适用于范围大、响应慢、不确定性大的场景，如电商、外卖；智能控制与优化适用于范围大、响应快、不确定性大的场景，如自动驾驶等需要智能网联进行控制与优化的场景，工业互联网也属于这一场景，是难度最大的领域。综上所述，对于工业来说，不仅要实现对一家企业内部的装备、生产线、车间、工厂等各种场景的控制与优化，而且要考虑对企业之间供应链合作与交易的控制与优化，只有集成并打通多种控制与优化的手段，才能建成数智工厂，构建智能制造体系。

（2）数智工厂是"一体两面"的新型工厂模式

华为总结了智能制造转型，其认为，所谓智能制造转型，即通过新一代数字技术的深入运用，构建一个全感知、全链接、全场景、全智能的数字世界，进而优化并再造物理世界的业务，对传统管理模式、业务模式、商业模式进行创新和重塑，最终实现业务成功。

按照华为的经验，线下的传统工厂被视为物理体，那么数智化转型后的工厂平台是数智体，两者合二为一形成"一体两面"的新型工厂模式。这一模式通过流程再造、组织重构、文化重塑，改变企业生产方式和运营方式、管理模式和商业模式，实现提质增效、降本增效和准时交付。新型工厂模式的主要特征如下：①管理透明化。在线化、数据化、指标化使工厂从雾状走向透明，运用看板和数据便于做分析、找问题、定决策，也便于指挥协调、计划排程、执行操作等，使管理方式从经验驱动向数据驱动转变。例如，舟山市恒顺密封件有限公司是一家小企业，该企业通过初步智能制造改造，让生产流程、仓储库存透明化，使废品产生的原因可追溯分析，使废品率从 0.5% 降低到 0.0787%，一年不到就可收回智能化投资。②业务流程化。传统工厂的业务与财务、生产与经营、工厂车间与班组等按职能分设，靠人来协调和管理。数智工厂使运营模式从职能驱动转变为流程驱动、业务流程化、工作程序化，数据跨部门、跨职能自动流转，突破不同部门和职能之间的阻碍，业务流转更规范、更高效，同时使协调工作量和相关人员大量减少。例如，舟山宁兴船舶修造有限公司通过第一期的数字化改造，实现了业务和工作的流程化，大幅度精简了现场监管管理人员人数。两年来企业员工人数从 135 人减少到 110 人，外包人员人数从 900 人降到 600 人，而产值则从 3.5 亿元提升到 5 亿元。③生产柔性化。传统企业追求规模化，加上同质化竞争，导致产能过剩。市场的订单变化趋势向着小批量、多品种、快交期的方向发展，与传统工厂的生产模式发生冲突。由于数智工厂的装备智能化、管理数字化和供销在线化，工厂计划排程周期从每月、每周或三天可以缩短到每天，从而支持"小单快反"、大规模个性化定制的生产模式，有利于企业向"专精特新"方向发展。④营销精准化。传统的买方至上、买方第一，是指服务观念、服务态度等。数智化后使其走向更深层次，从买方对产品和服务的个性化需求的角度来满足他们，实现企业或工厂从以产品为中心变为以客户为中心，为买方创造价值，实质是商业模式的大变革。

　　"一体两面"的数智工厂由"线下工厂+工厂平台+连接外部互联网平台"构成。其中，工厂平台可分为本地部署和云部署两类，又可分为自建平台和使用他人平台两类。有条件的大中企业一般自建平台（第一方平台），数智工厂的"一体两面"都在本企业。中小企业因为没有实力和能力自建平台，所以一般部署在数智化改造工程总包商的平台上，形成由工厂方和平台方共同构成"一体两面"的数智工厂。工厂方与平台方之间的关系如下：①工厂平台的产权是工厂的，平台方受委托负责建设和技术运维，属第一方平台；②工厂平台产权是平台方的，平台方负责建设和运维，工厂租赁使用权属第二方平台；③平台方不直接总包企业数智化改造，由生态商总包企业数智化改造，则为第三方平台，工厂方、平台方、总包方须有三方协议。如长兴织布小微园数智平台属于第三方平台，平台方为负责接单、销售的大企业和负责生产的小微企业建设运维数智平台。

（3）数智工厂的工厂平台与外部平台，功能性质不同但紧密相连

　　数智工厂的运营涉及工厂内部与外部，两个部分要分开研究。在企业（工厂）内部，生产经营按计划运作，需要构建决策、指挥、协调、计划、执行、反馈的系统或平台。在企业（工厂）外部，政府或行业需要构建市场更有效、企业间合作和交易更高效的平台。由此可见企业（工厂）内部的系统（或平台）与其外部的平台，两者功能性质不同。内部平台是指挥控制系统，类似于计算机、手机的操作系统（或平台），属于物联网与互联网相融合的平台，称为工厂操作系统或工厂平台更合适；外部平台是合作与交易系统，是工业互联网平台。

虽然企业（工厂）内部和外部的系统或平台功能性质不同，但两者必须紧密相连，不然就无法完成采购、供销。如果不将工厂内部和外部的系统或平台打通，将成为新的信息孤岛，即孤岛工厂。例如，很多企业建设了局域网性质的OA系统，后因无法与外界联系、交互，而被迫废止使用，转用钉钉、企业微信、飞书等。再如，一些做电商的生产制造企业，因用原来的ERP等套装软件无法与平台直接交互，现在改用平台SaaS化部署的ERP系统。

如何顺利打通企业（工厂）平台与工业互联网平台、消费互联网平台，是规划和建设数智工厂需要考虑的重要问题。如果数智化改造时，采用云化部署、SaaS软件，则易于与外部互联网平台对接；如果采用本地化软件部署，与外部互联网平台对接起来则比较困难。解决的办法是把与外部联系的套装软件或其中的模块采用云化部署，如ERP、CRM、SRM等，而MES、CAX、PLM等企业（工厂）内部流转的软件可以采用本地化部署。

（4）智能化改造平台将是既分工又合作的平台群

在第2章我们简单分析了工业类平台是由纵向分层、横向分业所形成的纵横交错的平台体系，发展趋势是纵向分层专业化、软件SaaS化和行业数智改造平台化。在此，我们从供给方、需求方的角度，对数智化改造相关的平台再作进一步分析。

从供给方来看，云基础设施平台（IaaS）不分行业、专业，由几大巨型公司建设并提供服务，已验证是可行的。PaaS平台主要由几家大型公司主导，其提供的平台能跨越多个行业；SaaS的软件开发和企业数智化改造落地主要由生态商来承担，这些生态商一般是分行业、专业的，这种模式有待实践检验。转型做平台的软件商和数字工程商通常会开发集成PaaS特性和SaaS特性的综合平台，同时自己负责企业智能化改造落地，它们有一定的行业性。另外，在办公、财务、税务、财税一体化、商业智能（即数据可视化）等相对通用的领域，出现一批做专业化的SaaS垂直平台公司。可见，从IaaS到PaaS再到SaaS层的平台，是呈树状结构的平台群：IaaS各行业通用，PaaS存在行业细分的趋势，SaaS层必须分行业、分专业、分领域。

从需求方来看，一家企业会涉及产供销、进销存、水电气、仓储物流、人事办公、财务税务，以及数据采集、存储、挖掘、可视化等诸多方面，要通过集成才能形成数智工厂。以往采用软件化部署的方法因缺乏数据底座和套装系统分立而普遍出现数据孤岛、业务孤岛现象，为此，一些软件公司开发了业务财务一体化等系统，积极探索实现数据互联互通的方式方法。若改用平台化部署，因供给方呈树状结构的平台群，故同样需要研究各平台的SaaS软件如何集成、数据底座放在哪个平台等问题。通过现有案例资料分析，数据底座一般放在工程总包商自建或服务的平台，并与其他平台签订合作协议、相互开放接口，由工程总包商来集成SaaS软件。因此，企业数智化改造涉及的平台群，需要开发应用程序编程接口平台接口或模块，并且相互间要开放合作，同时要研究开放的方式和合作的机制。

5.3.2　工业互联网平台的进化路径

如果把产业分成生产制造、产业链供应链价值链和销售三段，最终要形成数字经济、平台经济，则这三段必须被打通。工业互联网平台的进化路径则可分为以下几种：从上游的生产制造向下游推进、从下游的销售逐步向上游推进、从中间向两端对接。

（1）推式进化——从数智化改造平台往下游推

从数智化改造平台往下游推是当前主流的思路与路径。数智化改造平台商当前致力于在某一行业或细分行业帮助企业推进数智化改造，打造数智工厂；同时，平台商正在考虑或谋划待数智工厂集聚到一定数量后，再拓展产业链供应链价值链业务，最终与销售平台对接。

走这一路径的基本逻辑在于：没有建立数智工厂就难以获得平台用户，因此企业先要通过数智工厂的建设来积累平台用户，然后往下游推进，一方面为用户提供更多的增值服务，另一方面可以克服用户数量受行业限制而较少、平台盈利困难的问题。有的平台虽然集聚了一批用户，尝试做原材料集中采购，但效果不明显，问题可能出在思路上。集采是交易平台，线下的分销商已在做原材料的集中采购，它们会从线下走向线上，数智化改造平台与它们相比不一定有优势。另一种思路是，先做某一行业或细分行业的数智化改造平台，然后按产业链向上下游拓展，为企业选择供应商和客户提供合作便利，自然而然地形成智能化供应链平台。例如，北仑的创元公司正在从模具企业智能化向模具的用户—汽车零部件企业智能化推进，同时，还想往上游的模具材料企业智能化推进，然后打通模具材料、模具制造和汽车零部件生产这条供应链，形成有利于企业合作的智能化供应链平台，平台主要提供供应链服务。

（2）拉式进化——从消费互联网平台向上游拉

我国的消费互联网已基本成熟，商家发现，竞争的焦点已从以前的流量向现在的供应链转移，大家都在优化完善供应链。这里的供应链是指从商品到卖家的路径，属于消费端供应链，目前其智能化进展很快。有的平台走得更快，从供应链平台向数智工厂改造平台迈进，期望实现产供销全链条的智能化。这是市场需求拉动型的平台进化路径。

目前，有些平台正在探索这条路径，包括大型消费互联网平台、跨境电商平台和软件服务型平台。消费互联网大平台都在尝试这条路径，最典型的是阿里的犀牛制造。犀牛制造的重要意义在于证明了从消费到生产可以用一个平台打通，对服装业智能化起到一定的典型示范作用，许多服装企业现阶段正在进行智能吊挂（针对服装的悬挂和流转环节）、个性化定制等数智化改造。然而，由于工业行业的专业性强，犀牛制造的应用领域比较狭窄，因此复制推广难度较大。另一个例子是以快时尚为主的跨境电商平台SHEIN，平台主体是南京希音电子商务有限公司，其不但直接从事跨境电商出口，而且打造了比较强大的智能化供应链平台，直接对接到服装生产厂家。同时，该平台自研适合个性化定制的工业软件，帮助供应链上的服装企业改造成为数智工厂。再如杭州吉客云公司，该公司原来做电商ERP平台，然后做仓储配送的WMS，现在主要做个性化定制类企业的数智工厂，为所服务的企业打通各类消费平台的接口和数据，使这些企业销售的商品从数智工厂到数字供应链再到各大电商平台全链路打通（从生产到销售的所有环节均有效连接）。又如，杭州宏华数科公司正在研究并试建以服装个性化定制为主的平台，试图打通织造、印染、服装等生产端，并继续推向供应链以及跨境电商消费端。

（3）推拉结合的进化——从数字供应链平台向上下游延伸

目前，消费端供应链的智能化平台相对较多，而生产端供应链（从原材料、零部件到成品）的智能化平台相对较少。如宁波不少外贸公司自建供应链平台转做跨境电商，把原来对接生产厂家与国外买家的做法改为自己通过跨境电商平台直接卖货，同时从自建平台上给国内生产厂家下单。目前生产端供应链受数智工厂制约的比例较低，数字供应链平台发展速度还不快，一般多在做大宗商品的交易平台，如钢铁网、化工网、塑料网等。

不论是消费端的供应链平台，还是生产端的供应链平台，建设主体应以商家为主。商家擅长做交易渠道而不擅长做生产制造，有能力往下游推到消费端，没有能力也没有意识往上游推到生产厂家，进行企业的数智工厂建设。

5.3.3　工业互联网平台建设的方法

（1）强化"专业化＋合作"

工业生产制造的特点就是"分工＋合作＋集成"，建设工业互联网平台应遵循这一特征并采用同样的思路。靠单打独斗做工业互联网平台，能有效解决中小企业生产经营管理上的诸多问题，并得到中小企业的普遍认可，我们判断是难以做到的。同样，做成所有行业都可用的普适性平台，可能性也不大。平台专业化＋平台间合作可能是平台降本增效的好办法。

1）建设行业类、领域类等专业化的平台，应专注于某一行业某一领域，不求"大而全"，只求"专精特"。这样的平台适合工业"隔行如隔山"

的特点，是有生命力、竞争力的。做智能化项目如此，做软件产品如此，做平台亦如此。如，科强公司以塑料加工装备为切入点做MES，再扩大到金属加工装备做MES，其他软件功能与别的公司合作，而且从项目公司转化为产品公司再升级为平台公司，虽然现在公司规模不大但运行良好。全国有许多这类平台，总体都保持良好发展态势。

2）专做中台的平台公司，要通过合作拓展自身的业务生态圈。专做中台，技术要求高，投资回报期较长，生态体系难以建立，没有技术和资金实力的强力支撑是难以持续的。目前，一些大的、上市的平台公司正在往这条道路探索，如中控的蓝卓、阿里巴巴的钉钉等，但需要较长时间的验证这条道路的可行性。验证的主要难点在于生态体系的建立，关键是给生态公司的赋能有多少吸引力，通俗地说就是平台能给生态公司带来多少赚钱机会。地方政府可以考虑为平台集聚生态公司创造条件，如大力招引生态公司并给予政策支持。

3）强化平台与平台之间的合作。企业生产经营管理涉及人财物、进销存、水汽电、技术工艺装备、仓库物流配送，是一个有机整体。数智工厂可以分阶段、分期推进，但最终要建成一个整体。适用于所有场景的平台现在没有，今后可能也不存在。因此，只有平台之间合作才能有效解决数智工厂建设中的所有问题。合作的前提是开放，要做成开放的平台，便于相互之间做集成。

4）要研究开放的标准和合作的机制。平台的接口、数据等要开放，就要考虑在守住安全底线的前提下做到标准化、通用化。同时，要创新合作的机制。平台的用户（数智工厂）能实现共享，相互推荐客户，需要新机制。如果平台间的SaaS软件共享，相互下载使用，也需要创新机制。数智工厂建设实行一家公司牵头总包，其他公司分包的模式，同样需要继续探索合作共赢机制。

（2）项目型公司、产品型公司要加快转向平台化

目前，从事企业信息化、智能化的项目型公司较多，多数数字工程商

属于此类。研发售卖软件产品的产品型公司相比项目型公司其数量要少一些，而拥有智能化平台的平台型公司则更少。许多项目型公司、产品型公司到工业企业推销时，大讲工业互联网是趋势，要加快企业智能化改造，但具体落地时又给客户夸大介绍平台化部署存在不安全等问题，建议用本地化部署。大型软件公司大多已向平台化转型，而许多中小型的软件公司正在或还没有转型。从项目到产品再到平台，是从信息化向数字化、网络化、智能化的进化过程，我们正处在这一进化过程之中，因此造成上述现象。

有条件的项目型公司、产品型公司应加快向平台型公司转型升级。对于有自研软件且有核心竞争力的公司，应创造条件向平台型公司转型，将软件SaaS化、微服务化。虽然做项目、卖软件容易盈利，做平台投入大、回收期长，但平台化是发展趋势且收益相对稳定。有核心竞争力的SaaS软件，如果通过平台之间的合作，市场更大、收益更高。我们分析有的公司转型失败的原因：虽然做了平台，但商业模式没变，仍然在做项目、卖产品，这种转型实际上导致了双重投资，即公司既在旧有业务上投入资源又在新的平台建设上投入资源，但两者间的协同效应并不明显，甚至可能相互拖累。

负责企业智能化落地的数字工程商要向平台化转型。应与平台商合作，成为平台的生态伙伴，向中小企业推荐平台化部署，强化自身的多平台SaaS软件集成能力、数据挖掘能力和低代码开发能力。对于自身没有平台而专做企业智能化落地的数字工程商，平台化时代的到来为其开辟了更广阔的市场，赢得竞争的关键在于新能力的养成。大平台通常不直接深入某个具体领域或场景当中运用技术，中小平台一般在某些领域有长项，数智工厂建设要靠数字工程商做集成，涉及三种能力，即标准化应用软件集成能力、个性化应用开发能力、数据挖掘能力。今后，上述三种能力将是数字工程商生存和发展的基础。

（3）加快平台上"小快轻准"产品的开发和共享

为中小企业服务的工业互联网平台的发展，关键是要拥有适合中小企业"小型化、快速化、轻量化、精准化"（以下简称"小快轻准"）的软件产品，且通过平台共享并快速复制推广。

首先，要开展细分行业数智工厂应用软件和工业APP谱系及分类的研究，编制细分行业"小快轻准"产品生态地图。其中，开展细分行业数智工厂应用软件与工业APP谱系及分类的研究，目的是对细分行业进行"各个击破"。比如抓住"数智工厂工程建设场景、数智工厂运营场景、细分行业服务平台研发与直接应用服务场景"，或者数智工厂运营场景中的"产品设计场景、物料与水电气等生产物流场景、管理与治理场景"等，通过"各个击破"的合作，就可以降低成本、提高效率、加快"小快轻准"产品的开发与共享；而开展细分行业"小快轻准"产品的生态地图编制，目的是根据生态地图中的信息快速准确地找到合作伙伴或"小快轻准"产品供应商，避免低水平的重复研发，加快"小快轻准"产品系统解决方案与产品生态体系形成的步伐。

其次，要打造"小快轻准"产品开发与共享的生态体系。开展细分行业数智工厂应用软件和工业APP谱系及分类研究与细分行业"小快轻准"产品生态地图的编制工作，是加强"有的放矢"的共享合作的前提，目的是要打造开发与共享的生态体系。平台要成为"小快轻准"产品开发的组织者、生态体系建设的推动者，让生态公司开发"小快轻准"产品，并从中受益。生态体系建设的关键是选准合作重点、创新合作方式和制定合作激励机制。要与学样仿样法结合起来，由平台牵头选准一个行业，制定一张图谱和地图，组织一批生态伙伴，攻克一批企业的问题，取得初步成果，然后再逐步提升完善。

相关概念界定如下。

1）数智工厂平台（企业操作系统）——由决策、指挥、协调、执行、反馈等功能构成闭环，是数智工厂的数智体。如果没有这一平台，各种指令就无法下达。用软件部署的平台，可将ERP权且当作平台。用云服务器部署的平台，需要构建工厂指挥协调中心——工厂大脑。如果是企业自建的，属于第一方平台。如果是建在他人的数智化改造平台上，工厂平台产权是自己并按私有云部署的，属第一方平台，技术运维委托第二方。如果产权不是自己而是租用的，则是第二方平台，第一方有使用权而无产权。

2）数智化改造平台（行业服务平台）——为数智工厂建设和建成后的技术运维及其他增值业务提供服务。其特征如下：①属第二方平台，是单边市场，向工厂售卖或出租SaaS软件；②服务平台，为数智工厂建设和运维提供服务。如果平台不直接负责总包企业数智化改造，而是由生态商参与改造，则为第三方平台。部分平台可能会有第三方平台内容，如为供需双方提供供应链服务。

3）数智化供应链平台——按使用环节分，有消费端供应链平台、生产端供应链平台；按功能类型分，有交易型供应链平台、服务型供应链平台；按建立方式分，有自建供应链平台、第三方供应链平台。消费端供应链平台为商家对接到消费品生产工厂，生产端供应链平台为原材料、零件、部件到成品等生产企业对接买卖的平台。交易型供应链平台主要提供工业品、商品的交易和服务，是渠道型平台；服务型供应链平台主要受企业委托提供供应链规划、方案设计，以及代理采购、代理仓储物流、代理通关等服务，是服务型平台。自建供应链平台一般是链主企业为采购自建的，为采购和合作提供线上渠道；第三方供应链平台为供应商和采购商双方提供服务。

4）数智化服务制造平台——如设备远程运维服务平台，属第二方平台，不论自建还是委托第三方。

5）数智化产业协同制造平台——以平台架构为核心，通过数字化、信息化、智能化的手段，利用云计算、物联网、大数据等新一代信息技术，将设备、生产线、车间、工厂、供应商、产品、客户等资源要素紧密连接起来，实现企业不同部门之间以及不同企业之间的高效协作。

5.4 推广"浙江方案"，建立以行业示范为核心的转型范式

"浙江方案"是浙江在推进中小企业智能制造转型过程的最新经验总结成果，是学样仿样法"平台+数智工厂"的实践总结再升级。它是一套源于实践、又被实践所证明管用的系统解决问题的"组合型的方案"，是成功破解细分行业工业中小企业智能制造转型过程中所遇到的五大难题的一套方法论，工业中小企业智能制造转型的问题与解决问题的思路如表 5-7 所示。

表 5-7 关于工业中小企业智能制造转型的问题与解决问题的思路

序号	遇到的问题	解决问题的思路
1	存在想转型与不懂转、不会转、大的投资投不起转不了的矛盾	创建企业智能制造转型可学样仿样的样本，让企业看得懂、投得起、回报高、质量优、能放心、会动心
2	存在工程分包数据孤岛多与企业缺人才、缺技术、自己打通不了数据孤岛的矛盾	创建工厂设备互联、生产过程数据互通的数字工程牵头总包的模式，打通生产系统的数据，实现主要生产方式与生产管理方式的数字化
3	存在工厂转型后数据多却用不了、用不好和工业云平台"碎片化服务"多的矛盾	创建"行业工业云平台+工厂内部系统管理与治理+系列微服务产品"的工厂用云全面服务总包的模式
4	存在企业对合同标的、造价、工程质量不熟悉与签订数字工程合同、工厂签订系统用云服务合同难及验收难结算支付难的矛盾	创建工业数字化标准工程合同与工厂全面应用云服务标准合同的新模式
5	存在智能工厂试点多却又推广不了、企业智能制造转型慢的矛盾	创建学样仿样批量式推广新模式，全面提高推广的质量与效率

5.4.1 工业智能化工程由牵头总包商全面负责实施的"新工程模式"

工业自动化工程公司、工业软件公司、企业管理软件公司等供应商各自分包工业中小企业数智工厂（车间）建设的一部分硬件工程或软件工程的业务，造成缺乏数据体系集成能力的工业中小企业内部系统运行分割、

数据运行效率低下。浙江探索了由一家数字化工程企业负责牵头总包的"新工程模式"。该新模式要求牵头总包商全面负责数智工厂的统一规划设计、统一技术标准、统一管理工程建设与交付，统一负责工业企业人员的操作技能培训，统一负责免费提供若干年工厂数字工程的质量保障，解决了工业企业在数据孤岛等方面的问题。

例如，江山木门在工业企业智能制造转型中，由金鹊公司全面负责牵头总包，由木工数控设备制造企业、工业软件企业、数字化培训服务企业等与金鹊公司签订分包合同，创造了"一家企业负责牵头总包并统一管理分包业务"的工程模式。该模式对于工业中小企业而言，把消除数据孤岛、数字技术系统集成等所有责任都落实给了负责牵头总包的金鹊公司，解决了工业企业过去与各家分包商直接分包导致的数据孤岛、工业中小企业做不了数据体系集成的问题。

5.4.2　初级数智工厂的"新样本打造模式"

政府或行业创建中小企业能学样仿样的初级数智工厂样本，让企业能够进行参考，进而有效解决工业中小企业智能制造转型决策难的问题。

数智工厂是对数字化网络化智能化工厂的简称。工厂的智能化转型是个逐步演进的复杂的系统工程，既需要整体规划又需要契合工业中小企业的实际，从减轻一次性投资压力与企业员工适应复杂场景的难度出发来考虑，从初级、中级、高级数智工厂逐级适应并逐级升级演进会更适合工业中小企业的实际。

初级数智工厂指制造单元与生产线、物流线基本完成数字化工程的改造，设备与生产线及物流线的工况、工序、工控、监测等数据能完整采集，不同生产线、不同车间的生产工序、产品组装、质检及生产管理等数据形成系统闭环并实现跨系统的互联互通的数字化智能化工厂，其标志是制约企业利润增长的行业共性问题通过数字化工程改造得到解决；中级数智工厂指在生产方式与生产管理方式实现数字化智能化的基础上，进一步全面实现采购、财务、质量、销售、人事、能源、生产安全等经营与管理方式数字化智能化的工厂，其标志是产品的质量寿命与生产效率明显高于同行业水平，工厂利润率稳居同行业平均水平之上、降本减碳增效等成效较大；高级数智工厂指在实现中级数智工厂的基础上，进一步实现产品研发方式数字化智能化的工厂，其标志是工厂利润率远远高于同行业平均水平，企业的活力、凝聚力与后劲在同行业明显领先。

"打造初级数智工厂新样本"的目的，是得到企业认可的"自愿学习样本作决策"。工业中小企业对智能制造转型缺乏了解，且缺乏知识、人才与经验，面临决策难的问题。为解决此问题，应建设一个投资成本低、成功率高、投资回报率高、工程质量可放心、能参考的数智工厂新样本，使工业中小企业的"学样仿样"决策化繁为简、化难为易。

中小企业应从工业细分行业切入，找准同行业制约利润增长的共性难题与解决这些难题的数字化方式，再通过同行业一批中小企业来共同分摊解决共性难题的智能制造转型成本法，进一步降低每个企业共性难题的智能制造转型复制推广的成本。可采用"行业云平台＋系统的工厂用云服务＋'小快轻准'系列的微服务产品"的新服务模式，继而进一步降低工厂运营方式、管理方式等向智能制造转型的成本。

上述初级数智工厂新样本的打造模式，在宁波北仑区的模具制造工厂、江山的木门制造工厂、永康的电动（园林）工具制造工厂智能制造转型的实践创新中取得了成功，从而为工业中小企业破解智能制造转型决策难，找到了学样仿样决策的好方法。

5.4.3 推广工厂用云由行业云总服务商负责供给的"新服务总包的模式"

"小快轻准"产品系统服务模式，是工信部财政部办公厅〔2022〕22号文件要求的。它包括两个部分：一是系统的工厂用云服务；二是"小快轻准"系列的微服务产品。

系统的工厂用云服务指的是行业云平台对初级数智工厂生产的全要素、生产的全过程、经营的全流程、管理的全环节提供系统解决问题的服务。当然，这是一个渐进的、迭代升级的过程。初期时系统的工厂用云服务会以实现基本系统的工厂用云服务为目标，并可向全面系统的工厂用云服务迭代升级。最终组合形成对工厂全流程业务智能化经营、管理与治理的反复循环。在永康的试点探索中，维拓公司成功创造了"行业云平台＋系统采购管理驾驶舱＋'小快轻准'采购管理的微服务产品"等新模式，解决了ERP等应用传统套装软件多、培训成本高、应用难度高的不足的问题；实现了从员工到科室、各班组各车间之间及各科室之间的生产与经营业务的协同、经营与管理的协同，降低了业务协同与管理协同的难度，从而使工业中小企业数智工厂的经营管理变得轻松高效。

"小快轻准"系列的微服务产品指的是"小型化、快速化、轻量化、精准化"的产品。在这里，"小型化"主要包括工业数据集、工业数据单、工业数据表、工业数据图、工业数据码等微服务产品，亦称工业APP。"快速化"是指通过技术中台、数据中台可快速开发、快速部署、快速推广应用的微服务产品；"轻量化"是指可通过低成本开源开放平台开发的小程序与数据中台开发的工业APP相结合的应用，这些小程序和应用以低成本进行开发和实训，进而获得易学易用的微服务产品；"精准化"是指可以为每一位一线操作的员工、科室管理的员工等量身定制的、适合每个岗位要求的、个性化的微服务产品。

永康市维拓智能科技有限公司在永康电动（园林）工具行业首先开创了上述新服务总包的模式。他们创造的这种模式既降低了数智工厂的建设成本，又降低了数智工厂采购、生产、维保、质检、经营等全面管理、动态管理的难度，促进了数智工厂的提质、降本、增效，受到了工业中小企业的欢迎，仅用一年多时间就推广到了60家企业。

5.4.4 "规范的文本合同+标准的附件（*N*+*X*清单）"组成的"新标准合同模式"

过去，相当数量的数智工厂建设工程的承包合同存在着合同总标的太模糊，分项标的不具体、责任不清晰、造价不透明、工期较随意、员工技能培训与实训没落实、工厂数字工程质量寿命的免费维保缺少承诺等一系列的不规范问题。

工业中小企业对工业数字工程合同标的的表述不熟悉、对如何计算工程款不明白、对如何管控工程质量及工期缺乏知识、对如何维护自己的合法权益不擅长，加上自身又身处不规范的工业数字工程与行业云服务的市场环境，因而产生了签订数字工程合同难、纠纷调处难、企业维权难等问题，从而影响了工业企业智能制造转型的积极性。为了解决这些问题，江山首先创造了工业数字工程牵头总包的"规范的文本合同+标准的附件（*N*+*X*清单）"的制度创新。

在江山木门行业智能制造转型中，江山市政府分管领导亲自组织，邀请智能制造专家、木门工业中小企业代表、木门工业行业协会代表、律师事务所代表等一起反复调研协商，参照规范住房销售合同的办法，完成了几项举措，具体如下：①成功编制了初级数智工厂建设工程项目内容、工期及工程款价格的"6+*X*"标准清单（标准合同附件），明确了工厂数字工程技术与业务改造的标准表述的、清单式的标的任务、造价与工期；②成功编制了江山木门工业中小企业初级数智工厂建设规范的合同文本，明确了初级数智工厂样本建设必须依法守法的履责标准与具体要求；③最终将上述"规范的合同文本与标准附件（'6+*X*'清单）"相融合，共同组成了"新标准合同模式"，规范了合同的标的、造价与工期，明确了培训业务、工程质量免费保障的责任，为工程监理与验收结算、不可抗力等问题的处理提供了具有法律效力的依据。新标准合同的组成模式如表 5-8 所示。

表5-8　新标准合同组成模式

各行业通用部分	各行业灵活配用部分
规范文字表述的合同文本部分	加木门制造业的标准附件（$N+X$）清单
	或加电动（园林）工具行业的标准附件（$N+X$）清单
	或加纺织行业的标准附件（$N+X$）清单
	或加服装制造行业的标准附件（$N+X$）清单
	或加某制造行业的标准附件（$N+X$）清单

5.4.5　工业细分行业"批量式学样仿样推广"的"新推广模式"

"新推广模式"是"试成一批样本、确保智能制造转型质量、带动一批企业转型"的模式，它成功解决了"批量式推广"的难题。为了确保推广质量，在工业中小企业学样仿样推广时，强调要根据数字工程牵头总包商与行业云平台系统服务商所能提供的供给能力来进行。

江山通过两年半时间在木门行业进行数智工厂样本建设、开展学样仿样批量式推广，现已完成了43家木门企业初级数智工厂改建与运营。兰溪已完成46家规上棉纺织企业的初级数智工厂改造与运营。永康通过一年多时间，完成了60家电动（园林）工具企业的智能制造转型。长兴夹浦通过家庭织机入园（小微型企业园区）、建设初级数智工厂与创建智能化纺织小微企业园区，实现全镇1500多家小微型家庭纺织企业、近3万台织机入园与智能制造转型。这些案例与"过去的一家企业试点示范只能完成一家企业智能制造转型的方式"形成了鲜明的对照。

此外，"批量式的新推广模式"让工业中小企业（需求方）与从事工业数字工程牵头总包及行业云系统服务的中小企业（供给方）走上了互促共赢发展之路。首先，从工业智能制造转型（需求方）来看，中小企业越来越面临着"利润低、招工难、减碳减排难"等困境，而根本解决方法就是智能化转型；其次，从工业数字工程牵头总包商、行业云平台系统服务商的供给方来看，90%以上的企业是创办时间较短、规模较小的中小企业，供给方中小企业同样面临着接单难、募资难、企业生存难、稳住人才团队难、企业发展难等诸多问题。浙江方案的推广为工业数字工程等中小企业供给方开辟了"批量式接单"的新模式，让它们走上了与工业中小企业智能制造转型互促共赢、利用我国工业智能制造转型超大规模市场来发展的新路。

　　总之，"新工程模式""新样本打造模式""新服务总包模式""新标准合同模式""批量式新推广模式"五大新模式是互相联系、环环相扣的有机整体，是系统性、实用性、针对性强的实践创新、制度创新的新成果。从实践的情况看，浙江方案提供了工业中小企业对智能化转型想转又"不懂、不会而产生的不敢转"问题的解决方案，并为智能化供应商提供了"供给模式不匹配、供给价格不廉、供给质量不优、供给效率不高"，与"接单难、发展难"等问题的具体解决方案。

第6章

推进中小企业智能制造转型的
思考与建议

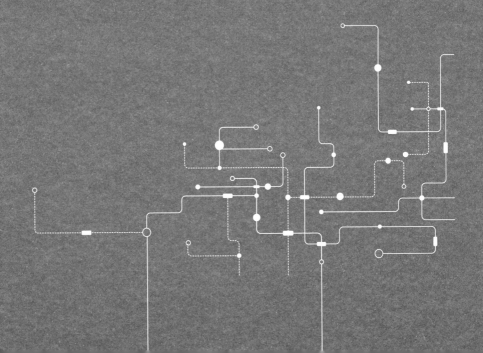

6.1 中小企业智能制造转型是分层次提升的过程

项目组通过研究国内外主要咨询公司和科技企业对智能制造转型的定义，发现大多数机构对企业智能制造转型的定义可以概括为一句话，即智能制造转型是指借助新型数字技术来帮助企业完成业务、管理、战略或是指商业模式的创新，如表 6-1 所示。然而对于广大中小企业来说，这些定义仍存在不足。

尽管这些定义都提到了智能制造转型需要充分应用新兴的数字技术，但并没有明确说明哪些技术应该被应用于企业经营的哪个环节。并且，这些定义对于转型的成果总结过于泛化，例如，形容成果的词汇多数集中于"提高效率""开创新的商业模式""重构客户体验""业务成功"等字眼上，并没有比较明确和更加具象化的成果描述。

智能化是互联网发展的产物，但智能化并不只是简单地依托互联网，而是各环节在先进科技的基础上的最优组合。企业智能化可分为很多环节，比如生产智能化、营销智能化、管理智能化、供应链智能化等。可以说，智能化旨在全面提升企业的内在发展能力，形成基于新技术的新商业模式，解决企业生存与创新、市场与运营、效率与发展的根本问题。智能制造转型的目标也不单单局限于新技术的实施和运作，相反，真正的智能制造转型通常会对企业的战略、人才、商业模式乃至组织方式产生深远影响。因此，本项目

表6-1　智能制造转型的定义

机构名称	对智能制造转型的定义	覆盖环节强调的内容	覆盖环节强调的技术
埃森哲	智能制造转型分为智能化运营和数字化创新两个部分，智能化运营指企业从海量数据中生成数据洞察，实时且正确地制定决策、持续提升客户体验，借此不断强化当前核心业务。数字化创新指企业借助数字技术的力量，加速企业产品与服务的创新，探索新的市场机遇，开创新的商业模式，孵化新的业务项目	运营、决策、市场开拓、商业模式	数据、技术
华为	智能制造转型是通过新一代数字技术的深入运用，构建一个全感知、全连接、全场景、全智能的数字世界，进而优化再造物理世界的业务，对传统管理模式、业务模式、商业模式进行创新和重塑，实现业务成功	管理、业务、商业模式	数字技术
麦肯锡	从传统企业到数字化企业的转型，需要变革公司文化、策略、运营、组织架构和合作伙伴等方方面面	企业文化、策略、运营、组织架构及合作伙伴	—
德勤	智能制造转型是运用新兴技术重新想象商业、组织面向未来的一个发展过程。智能制造转型绝不仅仅局限于新技术的实施和运作，通常会对企业的战略、人才、商业模式乃至组织方式产生深远影响	战略、人才、商业模式、组织方式	新兴技术
IBM	智能制造转型实际上就是利用技术来重塑和改进企业	—	技术
SAP	智能制造转型不仅是一种技术转型，还是一种文化和业务转型，通过彻底重构客户体验、业务模式和运营，采用全新的方式交付价值、创造收入并提高效率	文化、业务、客户服务、运营、产品交付	技术

认为，中小企业智能制造转型重新塑造传统生产模式、组织模式和产业模式，是对企业各要素、生产各环节开展的全链条、多维度改造，是一次全面创新。

6.2　多维度赋能中小企业智能制造转型

中小企业在产业链供应链中起着重要连接作用，应结合自身优势，加强与大型企业的合作与协作，共同推动上下游企业的智能化进程。为此，需基于龙头骨干企业的智能制造转型，打造面向中小企业的智能赋能平台，以大企业"建平台"和中小企业"用平台"的双向发力方式，促成大中小企业形成协作共赢的生态。从研发设计、生产制造、能力共享、质量溯源等行业共性需求出发，满足中小企业的小批量试制和定制生产需求，多方位拓展产业链和价值链。需支持中小企业依托产业集群，联合供应链上下游企业共筑数据渠道，服务智能化园区和虚拟产业园的建设，并促成园区内企业间的数据信息共享、资源共用、转型过程协同。

6.2.1　发挥龙头企业带动作用，促进中小企业转型

中小企业智能制造转型的成功需要龙头企业的带动，正如特斯拉进入中国市场，在给中国汽车市场带来竞争压力的同时也带来了先进的技术。龙头企业在自身行业都有着较大的发展优势，且有着自身的技术，因此在市场竞争中就会更加有优势，促使其他企业为了生存被迫进行转型升级，这也有效杜绝了企业破产现象。

因资金和规模有限，中小企业抗风险能力较弱，比龙头企业更易受到冲击。目前，一些中小企业面临生产经营成本上升、回款难、融资难等多重问题，亟须"输血造血"。为此，龙头企业应发挥牵引作用，利用其在产业生态中的地位和影响力，将资源禀赋和要素优势扩展到整个产业链，真正实现"以大带小"的效果，从而帮助中小微企业摆脱困境，畅通产业链循环。

1）龙头企业应发挥其信用优势，聚焦供应链金融以实现上下游"资金链"的畅通。供应链金融以龙头企业的信用为背书，通过其交易延长资金链条，改善中小微企业资信不足、担保物有限的问题，将资金注入上下游配套企业，激发整个产业链的良性运转。应推动大企业支持上下游中小企业进行供应链融资，同时支持供应链金融服务模式创新，推动供应链金融向智能化、场景化的方向发展。

2）应着力解决龙头企业拖欠账款问题。要健全防范和化解拖欠中小企业账款的长效机制，建立拖欠信息共享机制，加强对龙头企业欠款情况的披露，促使龙头企业加强风险管理，避免不当占用中小企业资金。

3）应进一步鼓励龙头企业、平台企业完善供应链上下游企业的合作共享机制和风险共担机制，以利益共同体的深度融合关系、依存关系营造共赢发展格局，并强化产业链供需对接，增强抗风险能力。

6.2.2 以集群方式推动中小企业智能制造转型

随着互联网、云计算、大数据等数字技术的快速发展，产业组织方式的创新变革不断加快，全球竞争从企业间竞争演变为产业链之争、产业生态之争。若要提升中小企业智能制造转型的效果，解决人才和技术基础薄弱、供给能力不足等问题，则需要以集群方式推动中小企业智能制造转型，即：发挥集群内标杆企业在生产工艺、质量标准、技术创新等方面的引领作用，开展智能化基础设施与解决方案建设；以集群内部分中小企业为重点，探索共生、互补、互利的智能化合作模式；在重点中小企业标杆示范的基础上，充分考虑应用场景适配性和安全性，筛选出更有效的解决方案，推动中小企业全面向智能制造转型。

对产业集群内部的中小企业而言，智能制造转型不仅要有"头雁"，而且需要有既懂转型又懂行业的服务商牵头，聚焦产业链上下游企业的转型痛点，为它们"问诊""开药"。为了规避智能化服务商良莠不齐、供需错配的问题，运营商可以发挥本地化优势，作为智能化项目的总集成商，提供优质、规范、伴随式的服务。因此，产业集群推动智能制造转型需要明确典型场景，适配普惠产品，加强合作。

由于中小企业的行业分布广，基础能力差异大，可谓千企千面，因此，找到智能制造转型的典型场景，发挥示范引领作用，增加企业内部共识很有必要。并且，由于各类智能化服务产品良莠不齐、供需错配，中小企业面临较高的转型门槛，企业试错成本较高。应充分利用当前快速发展的人工智能、大数据、云计算、物联网、区块链等新兴技术，主推适配性强、普惠性高、轻量级定制化的服务和产品。应抓住产业集群的共性特征，与政府和园区共建赋能型、协同型的技术赋能平台，向产业链和产业集群的中小企业开放部分数字技术能力。

相比上述三点，更重要的是，不只企业个体在智能制造转型，产业集群也在智能制造转型。工业互联网已成为产业集群智能制造转型的核心力量，使集群内企业实现价值共享。

6.2.3　工业互联网平台赋能中小企业智能制造转型

随着中小企业智能制造转型需求的持续释放，工业互联网平台赋能范围向中小企业拓展。在政策引导和市场需求的推动下，越来越多的大型行业企业利用自身在技术、资金、人才等方面的优势，打造中小企业智能化赋能平台，加速中小企业智能制造转型升级。在物联网、大数据、人工智能和云计算等数字技术方面拥有丰富的研发和应用经验的互联网科技公司作为智能化服务商，亦将发挥重要的作用。

互联网科技公司能够高效率且高质量地完成模式化技术工具箱的开发，从而保证中小企业转型过程中使用的基础技术是行业最前沿的；通过向中小企业适当地开放平台接口、数据、计算能力等智能化资源，进一步提升中小企业二次开发能力。互联网科技公司凭借着雄厚的技术实力，能够面向中小企业定制化地推出云制造和云服务平台，支持中小企业设备上云和业务系统向云端迁移，满足中小企业业务系统云化需求。

中小企业的智能制造转型需要基于产业集群和供应链上下游企业之间形成数据联通渠道，以实现数据信息的畅通，形成产品和服务生产的资源共享及协同。在这一过程中，数据的安全性一定要得到强有力的保障，而这正是互联网科技公司的强项。由于互联网科技公司本身具有极高的数据安全保护意识，因此在基础安全技术方面能够驾轻就熟，应用各种手段为中小企业的数据生产要素上好防火墙，保证智能制造转型的进展顺利。

互联网科技公司拥有众多的智能化人才，在帮助中小企业转型的过程中，能够适当地为中小企业提供人才支撑，通过适当的技术辅导和人员培训，帮助中小企业加强自身的智能化人才储备。

互联网科技公司可以凭借着对技术和中小企业转型需求的精准把握，拉动多种多样的合作伙伴，搭建起中小企业智能制造转型的资源库，完成转型工具箱与企业需求的精准匹配。

但是，工业互联网平台赋能中小企业智能制造转型仍面临关键基础不足、人才资源匮乏、融资压力较大、存在数据安全顾虑、个性化服务能力弱等问题，具体如下。

①转型基础薄弱。中小企业整体智能化水平较低，在智能化设备连接率、设备良好率等方面具有较大提升空间。②人才供给不足。中小企业缺乏智能制造转型人才，智能化人才总体占比较低。③存在安全顾虑。中小企业在使用工业互联网平台时存在"想用但不敢用"的问题；担心生产经营数据、生产工艺数据、研发设计数据等泄露；还担心在初始阶段投入物力财力后，面临市场快速的技术迭代却仍要不断改进、不断投入。④服务能力不足。目前市场上的软件、大数据、云计算等各类业务服务商提供的多是通用型解决方案，无法满足行业和企业的个性化需求，且方案缺乏行业标准。由于中小企业智能制造转型服务碎片化、多元化、回报少，因此平台企业服务中小企业动能弱，面向中小企业需求的转型解决方案数量少、针对性弱，存在市场失灵的问题。

为进一步加速中小企业智能制造转型，需构建"政府＋智能化服务商＋专业化市场"多元协同的中小企业智能制造转型体系。政府提供政策优惠和信息对接，智能化服务商（如互联网科技公司）提供技术支持，专业化市场提出转型需求，搭建下沉市场的中小企业智能制造转型平台，三方合力推动中小微企业智能制造转型。具体如下。

①引导企业逐步为不同行业中小企业智能制造转型提供定制化、全周期服务，做到分类指导、分步实施；吸纳更多的行业协会、行业龙头企业、

中小型平台企业，推动形成更强大的转型合力。②加快推进工业互联网平台标准体系建设，通过提高平台兼容能力，以标准接口延长技术生命周期，有效带动行业健康发展。③从严查处平台赋能企业转型过程中的平台垄断行为，强化和改进平台领域反垄断监管，营造公平竞争秩序，维护中小平台企业利益。④鼓励龙头企业自行或联合平台开发定制化的行业应用，推动中小企业业务流程的规范化、标准化。⑤完善中小企业智能支撑服务体系，帮助中小企业从云上获取更多的研发设计、生产制造、经营管理等生产性服务业；通过联合生产，打造新的要素供应链、打通新的营销渠道。

6.3　政府主动作为，助力中小企业智能制造转型

企业的发展壮大离不开适宜的"土壤"，而适宜的"土壤"需要政府来提供。在不断加码的政策红利支持下，将有更多的优秀中小企业"破土"而出，蓬勃兴起。

6.3.1　依托产业园区，协同推动产业智能制造转型

《"十四五"数字经济发展规划》明确提出"全面深化重点产业数字化转型"和"推动产业园区和产业集群数字化转型"，为引导产业园区加快数字智能制造转型、提升数字化水平明确了方向。各省市为了推动本区域内园区及产业智能制造转型发展，也相继出台了规划和指导意见，比如浙江印发了《浙江省推进数字化园区建设实施方案》，上海发布了《上海市关于加快推进本市智慧园区建设的指导意见》，山东发布了《山东省智慧园区规划与建设指南（试行）》等。产业园区应积极施策，采用大数据等新技术，促进各方资源的协同合作，丰富服务手段，提升产业园区服务效能，赋能园区企业智能制造转型。

公共服务与市场化服务双轮驱动，进一步完善产业智能制造转型服务体系。在非竞争性和非排他性的数字基础设施及公共信息平台领域，可由

产业园区主导建设智能制造转型的公共服务平台、共享平台和智能制造转型促进中心；对于专门领域和个性化服务，产业园区可负责引导和对接，丰富技术、数据、平台、供应链等服务，使各类要素与服务商在产业园区内聚集，促进供需精准匹配。同时，园区可探索与平台企业联合运营的模式，面向智能制造转型丰富数据、平台、共性技术、供应链等相关公共服务，吸引各类要素和服务向产业园区集聚。

软性服务与硬性设施并重，降低企业智能制造转型成本。软性服务方面，产业园区需充分运用大数据等新兴信息技术，提升园区的智能化服务水平和能力，为企业提供高效、协调的智能化服务，实现对园区企业的有效赋能。硬性设施方面，建设智慧园区管理平台，提升智能化管理水平，并结合政策和产业发展方向，建设开放的智能化基础设施，促进数字技术资源的共享和利用，降低企业的智能制造转型成本。

培育和引进面向行业的智能化服务商，构建虚实结合的产业智能化生态圈。产业园区应发挥平台和载体作用，结合园区的产业特色和企业构成，围绕园区产业定位，重点培育并引进具有行业特色的智能化解决方案提供商，构建产业链、供应链、资金链、服务链、创新链五链融合的生态圈，推动龙头企业、产业链上下游企业及智能化服务商在园区聚集，探索基于平台化运营和网络化协同的虚拟产业集群，构建线上线下相结合的产业智能化协同发展新生态。

建设行业数据服务平台，推动产业数据要素价值释放。产业园区应发挥好产业集聚优势，针对重点产业和重点企业建设面向行业应用的生产性服务业大数据平台；基于不同行业特点，建设行业数据资产的流转、管控、追踪、溯源的全套机制，推动产业数据资源向数据资产转化。

评选产业智能制造转型标杆企业，发挥标杆企业示范作用。产业园区可以定期评选具有行业代表性的智能制造转型标杆企业，面向重点产业，形成一批可复制推广的智能制造转型模式和经验，并加大对典型案例和标杆企业的宣传推介力度，定期组织开展行业领先企业的对标、参观和学习，逐步改变企业管理者尤其是传统企业和中小企业管理者对智能制造的认知。

研究制定智能制造转型支持政策，发挥政策的精准扶持作用。产业园区应针对不同产业和行业制定差异化的政策措施，对重点行业和领域企业在研发设计、采购、生产、检测、仓储、物流、销售等环节采用智能制造、工业互联网平台和软件等提升企业智能制造水平的改造升级项目，鼓励银行给予信贷倾斜，鼓励金融机构开发专项金融产品。建议政府性融资担保公司和银行加强与实施智能化改造和智能制造转型企业的银担合作，探索通过融资租赁等方式，为企业开展智能化改造和智能制造转型提供多元化金融服务。

6.3.2 构建公共服务平台，降低中小企业转型门槛

不同于国企等大型企业，中小企业并不具备规模优势。在此情况下，社会公共服务就十分重要。举例来说，当前中小企业对于质量检测的需求日益增长，但它们不具备独立建设检测中心的能力，如果地方政府能够根据区域产业的发展方向布局完善省级、市级检测公共服务平台，中小企业就可以共享数字化时代红利。

政府应完善中小企业公共服务平台建设，帮助中小企业打好智能制造改造基础。课题组建议面向全国大力推广浙江省中小企业集群智能制造转型经验，有针对性地开展中小企业专项诊断，挖掘企业痛点和改造重点，帮助解决在实施智能制造项目时的实际问题；协助企业构建精益生产与管理体系，优化生产过程；协助企业建立数据管理系统，为企业提供数据分析和处理服务；有条件的平台可以建设展示中心，组织中小企业参观、学习、体验数字化、智能化改造典型案例，进一步激发企业改造的内生动力；必要时，平台可以聘请"合作顾问"，为不同细分行业提供专业的意见。

支持各地区、各产业园区充分发挥中小企业公共服务平台的作用，开展"产学研用"合作，为中小企业开发一批模块化、易使用、易维护、可推广的智能制造装备和软件，形成一批小工艺、小流程、小单元、低成本、

短投资回收期的解决方案，并在试点示范基础上进行大面积推广。在软件开发、工艺优化、装备研制、系统集成等环节，形成具有行业特点的共性解决方案，为用户提供专业化、定制化服务。

构筑以数据为中心的"新基建"。完善数据标准，推动中小企业数据采集标准化建设，优化数据库结构、建立统一的数据共享平台，推动政府、金融等部门实现数据互通共享。加强数据专利、产权制度，制定数据隐私和安全审查制度，建立数据分类、分等级制度，不同类别、不同等级数据适配不同客户需求；加强数据脱敏、安全多方计算等数据安全技术开发。鼓励地方政府引导构建以地方优质数据服务商为核心的产业生态，延伸数据中心产业链条。强化中部、西部等区域与东部数据互联互通、信息资源共享。

支持各地区深化产教融合，建设数字化智能化改造的人才实训和体验基地，培养熟悉和掌握新一代信息技术在工厂应用的新型人才。鼓励系统解决方案供应商结合智能制造改造实施方案，为中小企业培训技术和管理人才。鼓励中小企业公共服务平台建立技术服务专家库，组织高等院校、科研机构、企业的离退休技术人员采用灵活多样的形式为中小企业提供技术咨询、技术指导和技术诊断服务。

通过建立面向智能制造转型的行业公共服务平台，整合国内外资源，制定统一标准，实现设备、系统、平台之间的互联互通，推动企业智能制造转型从自动化阶段向数字化、智能化阶段推进。

6.3.3　升级保障措施，为中小企业转型保驾护航

中小企业智能制造转型是系统性、长期性、复杂性工程，其在充分发挥市场"无形之手"作用基础上，还应发挥政府"有形之手"的推动作用。应结合中小企业发展实际，努力破解中小企业转型中的堵点、痛点，不断提升营商环境的市场化、法治化、国际化水平，具体做法如下。

1）加快数字基础设施建设。目前，我国已建成全球规模最大、覆盖城

乡、技术先进的光纤通信网络和 5G 网络，2021 年底互联网普及率达 73%[1]。政府要部署先进信息基础设施，尤其要加快推进 5G 网络的规模化应用，以市场化方式推进网络提速降费，提高网络基础设施的可达性和可用性。政府着重降低中小企业用网成本，统筹工业互联网、数据中心、云计算、智能计算平台等设施建设，支持中小企业"上云用数赋智"。加快物流枢纽网络建设，完善城乡配送网络体系，进一步降低物流成本。

2）建立公平竞争的市场秩序。近年来，全球范围内，尤其是发达国家，都高度重视数字经济领域竞争监管，我国也在积极推进平台经济反垄断工作。从促进数字经济健康发展角度，应加强政策统筹协调，把握好监管执法的力度、尺度和效度，进一步完善网络平台治理，明确反垄断和反不正当竞争的相关规则，落实平台在用户信息核验、信用管理、产品和服务质量监督、网络和数据安全等方面的主体责任。重视数字知识产权保护，加强监管恶意软件，加大打击网络侵权的力度。

3）加强网络安全与用户权益保护。随着大数据、云计算、智能应用、数字支付等技术的广泛应用，网络安全形势更加严峻。应持续推动网络安全技术创新，加强企业信息保护，严惩窃取、泄露、篡改企业信息等各类不法行为，加大案件查处和警示力度，进一步健全网络安全管理制度。建议加快推动平台健全交易规则、服务协议和争议解决机制，加大平台算法及企业权益保护规则审查，堵住企业权益受损的制度漏洞。

4）加大企业智能制造转型的资金投入。与现代新兴产业相比，传统产业的智能制造转型呈现投入高、周期长和见效慢的典型特点，导致具有强烈转型诉求的中小企业因资金匮乏而止步不前。智能制造转型的成本不仅包括购买和使用技术的成本，而且包括对组织、流程、商业模式进行重构的成本。政府应在企业智能制造转型的初期给予足够的资金支持。我国一些省份的做法和经验值得其他省份学习和借鉴。贵州近些年在支持企业智

---

1 中国互联网信息中心. 中国互联网络发展状况统计报告 [EB/OL]. (2022-02-25)[2023-12-01]. https://baijiahao.baidu.com/s?id=1725728423427981174&wfr=spider&for=pc.

能制造转型方面走在全国前列，省政府每年至少投入 3 亿元专项资金支持企业智能制造转型；吉林省政府采取首年补贴 2.5 亿元，其后每年投入至少5000 万元的支持方式；山西等省份也纷纷设立了专项资金，用于支持当地的企业智能制造转型。

5）构建企业智能制造转型的人才引育体系。人才建设是企业智能制造转型的基石。在人工智能领域，我国人才培养、储备均与业务发展不匹配。越来越多的企业意识到智能制造转型所面临的关键障碍是没有足够的人才支撑。智能化人才的培养是一个系统工程，需要多方共同发力。①政府层面应出台相关支持政策，加大推进智能化人才的引育工作。一方面要鼓励国内院校注重智能化学术型人才和操作型人才的培养；另一方面要面向全球吸纳高端人才，鼓励海外优秀人工智能高端人才回国，打造数字经济人才高地。②企业层面应加大对员工的数字化、智能化转型培训，培养智能化新蓝领。③员工层面应主动迎接智能制造转型的挑战，主动应变、求变，提升数字化、信息化、智能化素养。

6.4　中小企业智能制造发展建议

6.4.1　加快推广中小企业智能制造的典型模式

建议国家有关主管部门出台政策、组织力量，总结凝练能促成中小企业智能制造转型的好经验、好模式，挑选并推广一批中小企业智能制造转型成功的实践案例和先进地区示范案例。从细分行业和县市级区域入手推动中小企业智能制造值得大力推广。尽管中国制造业门类多（31 个大类、179 个中类和 609 个小类），但细分行业仅数千个。如果全国的县市区中有半数或 1/3 能抓好一两个细分行业的中小企业智能制造，同时互学互仿，那么预计通过 3～5 年的努力，我国中小企业智能制造转型就能取得阶段性的胜利。

政府应充分利用我国工业智能制造转型超大规模的工程市场与服务市场优势，大规模激活工业中小企业智能制造转型的投资消费，致力于根据具体模式和细分行业，培育发展工业数字工程产业与工业云平台服务产业，争取率先在国内形成工业数字工程产业、工业云平台服务产业、工业数字工程咨询服务业的市场大循环，进而向"一带一路"辐射发展，最终可以构建内外互促发展的工业数字化新兴产业的新发展格局。

6.4.2　加强中小企业工业互联网平台的探索与实践

建议国家有关部门组织力量，对中小企业工业互联网平台进行再研究、再实践、再探索，选择一批普惠型的中小企业工业互联网平台与云服务模式，推广"用得起、用得上、用得好、用出效益"的优质智能化服务产品；完善中小企业公共服务平台建设，帮助中小企业打好智能化改造基础；支持各地区、各产业园区充分发挥中小企业公共服务平台的作用。

同时，政府要加快并完善数字基础设施建设，统筹工业互联网、数据中心、云计算、智能计算平台等设施建设，构筑以数据为中心的"新基建"。完善数据标准，推动中小企业数据采集标准化建设，优化数据库结构、建立统一的数据共享平台。政府应与通信设备服务商共同部署先进的信息基础设施，加快推进5G网络的规模化应用，推进网络提速降费，提高网络基础设施的可达性和可用性，降低中小企业的用网成本。

政府应支持中小企业"上云用数赋智"，提高中小企业智能制造基础水平。课题组通过对工业互联网已有成果和实践的综合研究，可以认为工业互联网平台是一个集成纵向分层（SaaS、PaaS等）、横向分业（小类或细分行业）、功能分类（企业资源计划、制造执行系统等）的纵横交错的平台体系，不像消费互联网那样可用一个平台包打天下，这是工业的固有特征所决定的。虽然业界已探索建设了不少工业互联网平台，但持续盈利并得到市场普遍认可的工业互联网平台还较少，其主要原因在于大多数平台都在纵向分层和功能分类上下功夫，但在横向分业和平台体系构建上没有较大突破。

6.4.3　中小企业自身要主动作为

中小企业应将自我评估作为转型前提。智能化转型路径无法在不同种类、不同智能化基础的企业间进行完全的借鉴。中小企业的领导者制定智能制造发展方案时，应根据企业基础，结合《中小企业数字化水平评测标准》等具体规范，判断企业所处的转型阶段。中小企业的领导者根据判断结果和企业行业特征，因企制宜制定企业智能化转型战略，确定转型的需求和重点任务，降低智能制造转型潜在风险，提高智能化技术与企业生产技术的适配性。

应将智能化技术融入生产技术作为实现路径。中小企业应重点提高企业的技术储备，向"专精特新""小巨人"企业看齐。在生产层面，中小企业应用模块化先进制造装备和生产线，提高生产线生产效率，实现精益生产；在产品方面，应关注产品智能化转型，将传统产品与新一代信息技术融合作为产品创新的重要方向；在服务方面，应依靠智能化系统和技术打通生产端与用户端，向服务化转型。转型过程中要关注双碳经济和能源政策等热点，提前考虑和布局低碳绿色生产。应注重对企业内部科技人才的培养，形成企业智能化转型的中坚力量。

6.4.4　强化产业集群和产业链的支撑保障作用

建议国家有关部委组织力量，选树一批有效推动中小企业智能制造转型的典型龙头企业、平台企业、园区（开发区）和服务商，并给予支持与政策倾斜。

龙头企业和平台企业要发挥积极作用，以大带小，放大企业协同发展效应，带动、倒逼中小企业进行智能制造转型，并通过共建智能化平台，构建中小企业参与的智能化供应链，打造出产业链供应链上下游企业共生共享、互补互利的合作模式。

产业集群应发挥标杆企业在生产工艺、质量标准、技术创新等方面的引领作用，基于标杆示范筛选出更有效的共性问题解决方案。产业园区应根据园区的产业特色和企业构成情况，围绕产业定位，重点培育并引进具有行业特色的智能化解决方案提供商，构建产业链、供应链、创新链等多链融合的生态圈。

服务商应为中小企业提供低成本、模块化、易用性的智能硬件、应用和系统支持，并提供完备的方案购前咨询、过程运维服务和售后服务。发挥平台资源优势，基于成功的转型案例，搭建共享化智能制造服务平台，构建中小企业智能化的软硬件生态。同时，应加大对中小企业智能制造转型的金融支持，利用供应链金融帮助中小企业开展供应链融资，盘活智能制造转型资金链。

相关机构和部门应重视智能化转型中的公共成本，通过多样化的资金支持策略，解决企业在转型过程中高成本投入的问题。可通过直接补贴、减免税费、转型试点项目等方式，分担企业智能化转型的资金压力。针对中小企业资信不足、担保物有限的问题，可出台相关政策，与金融机构合作共同推动多样化的创新融资模式，为中小企业智能制造转型提供融资支持。

高校应加大力度推进智能化人才的引育工作。鼓励国内院校注重智能化学术型人才和操作型人才的培养，完善职业教育与专业人才培养模式，注重可持续发展。应面向全球吸纳高端人才，并鼓励海外优秀高端人才回国。从战略、思想、技术、执行等方面加强智能化人才储备。

参考文献

[1] 周济, 李培根. 智能制造导论[M]. 北京: 高等教育出版社, 2021.

[2] 周济, 李培根, 周艳红, 等. 走向新一代智能制造[J]. Engineering, 2018, 4(1): 28-47.

[3] 黄翔. 激活中小企业动能 促进国民经济发展[J]. 中国商界, 2022(12): 154-157.

[4] 吕程成. 中小企业数字化转型现状、影响因素及对策[J]. 企业科技与发展, 2022(3): 20-22.

[5] Reischauer G. Industry 4.0 as policy-driven discourse to institutionalize innovation systems in manufacturing[J]. Technological Forecasting and Social Change, 2018, 132: 26-33.

[6] Dutta G, Kumar R, Sindhwani R, et al. Digital transformation priorities of India's discrete manufacturing SMEs: A conceptual study in perspective of Industry 4.0[J]. Competitiveness Review: An International Business Journal, 2020, 30(3): 289-314.

[7] Won J Y, Park M J. Smart factory adoption in small and medium-sized enterprises: Empirical evidence of manufacturing industry in Korea[J]. Technological Forecasting and Social Change, 2020, 157: 120117.1-120117.13.

[8] Garzoni A, De Turi I, Secundo G, et al. Fostering digital transformation of SMEs: A four levels approach[J]. Management Decision, 2020, 58(8): 1543-1562.

[9] Battistoni E, Gitto S, Murgia G, et al. Adoption paths of digital transformation in manufacturing SME[J]. International Journal of Production Economics, 2023, 255: 108675.

[10] Kraft C, Lindeque J P, Peter M K. The digital transformation of Swiss small and medium-sized enterprises: Insights from digital tool adoption[J]. Journal of Strategy and Management, 2022, 15(3): 468-494.

[11] Pelletier C, Cloutier L M. Conceptualising digital transformation in SMEs: An ecosystemic perspective[J]. Journal of Small Business and Enterprise Development, 2019, 26(6/7): 855-876.

[12] 张美玲, 王姗姗. 数字经济驱动安徽省制造业转型升级的策略研究[J]. 投资与创业, 2022, 33(8): 32-34.

[13] 汤长安, 张丽家. 数字经济下江苏制造业转型升级现状分析及对策研究[J]. 江苏理工学院学报, 2022, 28(1): 47-54.

[14] 李新宇, 李昭甫, 高亮. 离散制造行业数字化转型与智能化升级路径研究[J]. 中国工程科学, 2022, 24(2): 64-74.

[15] 刘涛, 张夏恒. 我国中小企业数字化转型现状、问题及对策[J]. 贵州社会科学, 2021(2): 148-155.

[16] 周适. 中小企业发展面临的趋势、问题与支持战略研究[J]. 宏观经济研究, 2022(7): 163-175.

[17] 李勇坚. 中小企业数字化转型: 理论逻辑、现实困境和国际经验[J]. 人民论坛·学术前沿, 2022(18): 37-51.

[18] 王柏村, 陶飞, 方续东, 等. 智能制造——比较性综述与研究进展[J]. Engineering, 2021, 7(6): 80-122.

[19] 杨赓, 周慧颖, 王柏村. 数字孪生驱动的智能人机协作: 理论、技术与应用[J]. 机械工程学报, 2022, 58(18): 279-291.

[20] 陈烨. 中小企业数字化转型研究[D]. 成都: 四川大学, 2021.

[21] 陈国权, 王婧懿, 林燕玲. 组织数字化转型的过程模型及企业案例研究[J]. 管理评论, 2021, 33(11): 28-42.

[22] Berman S J. Digital transformation: Opportunities to create new business models[J]. Strategy & Leadership, 2012, 40(2): 16-24.

[23] 李晓华. "互联网+"改造传统产业的理论基础[J]. 经济纵横, 2016(3): 57-63.

[24] 张华. 数字经济下企业发展的机遇与挑战[J]. 商业经济研究, 2018(24): 101-104.

[25] 张鹏. 数字经济的本质及其发展逻辑[J]. 经济学家, 2019(2): 25-33.

[26] 杨新铭. 数字经济: 传统经济深度转型的经济学逻辑[J]. 深圳大学学报, 2017, 34(4): 101-104.

[27] 陈剑, 黄朔, 刘运辉. 从赋能到使能——数字化环境下的企业运营管理[J]. 管理世界, 2020, 36(2): 117-128.

[28] 齐永兴. 我国中小企业动态能力演化过程与提升策略研究[J]. 经济研究参考, 2014(59): 5.

[29] 王核成. 基于动态能力观的企业竞争力及其演化研究[D]. 杭州: 浙江大学, 2005.

[30] 谭新生. 组织能力观与传统资源观的比较分析——对持续竞争优势的新阐释[J]. 外国经济与管理, 2003, 25(8): 6.

[31] 郭文波, 刘国艳, 张铭慎. 依托平台企业加速中小企业数字化转型的困境与出路[J]. 中国经贸导刊, 2021(8): 61-63.

[32] 王柏村, 朱凯凌, 薛源, 等. 我国中小企业数字化转型的模式与对策[J]. 中国机械工程,

2023, 34(14): 1756-1763.

[33] Nonaka I. A dynamic theory of organizational knowledge creation[J]. Organization Science, 1994, 5(1): 14-37.

[34] Pisano G P. Knowledge, integration, and the locus of learning: An empirical analysis of process development[J]. Strategic Management Journal, 1994, 15(S1): 85-100.

[35] Inkpen A C, Dinur A. Knowledge management processes and international joint ventures[J]. Organization Science, 1998, 9(4): 454-468.

[36] Teece D J, Pisano G, Shuen A. Dynamic capabilities and strategic management[J]. Strategic Management Journal, 1997, 18(7): 509-533.

[37] 张军, 张素平, 许庆瑞. 企业动态能力构建的组织机制研究——基于知识共享与集体解释视角的案例研究[J]. 科学学研究, 2012, 30(9): 1405-1415.